정철의 A.D. 영어학습법

정철의 A.D. 영어학습법

지은이 | 정철
초판 발행 | 2023. 6. 7
17쇄 발행 | 2024. 2. 29
등록번호 | 제 1988-000080호
등록된 곳 | 서울특별시 용산구 서빙고로65길 38
발행처 | 사단법인 두란노서원
영업부 | 2078-3352 FAX | 080-749-3705
출판부 | 2078-3331

책 값은 뒤표지에 있습니다.
ISBN 978-89-531-4501-6 03230

독자의 의견을 기다립니다.
tpress@duranno.com http://www.duranno.com

두란노서원은 바울 사도가 3차 전도여행 때 에베소에서 성령 받은 제자들을 따로 세워 하나님의 말씀으로 양육하던 장소입니다. 사도행전 19장 8-20절의 정신에 따라 첫째 목회자를 돕는 사역과 평신도를 훈련시키는 사역, 둘째 세계선교(TIM)와 문서선교(단행본잡지) 사역, 셋째 예수문화 및 경배와 찬양 사역, 그리고 가정·상담 사역 등을 감당하고 있습니다. 1980년 12월 22일에 창립된 두란노서원은 주님 오실 때까지 이 사역들을 계속할 것입니다.

---

* 본문에 사용된 성경 본문은 개역개정을 기초로 하였으나, 저자의 의도를 잘 나타낼 수 있는 표현을 선택하고자 여러 버전에서 발췌하였습니다. 개역개정을 제외한 버전은 별도 표기하였습니다.

영어를 제2 모국어로 만드는

정철의 A.D. 영어학습법

Anno Domini

정철 지음

두란노

Contents

Part 3

하나님이 주신 놀라운 방법!

Part 4

복음을 외치면 영어가 터진다

Part 5

정철 선생 예수님 만난 이야기

프롤로그

예수님의 성배를 찾아 헤매던 순례꾼처럼,

영어 터지는 비결을 찾아 헤맨 지 어느덧 50년이 넘었다.

끈질긴 기도와 연구 끝에, 주님은 나에게 은혜를 베푸셔서 영어 학습의 숨겨진 원리를 알게 하셨다.

주님이 가르쳐 주신 원리는 너무도 간단하고, 쉬운 것이었다.

영어를 제2 모국어처럼 쉽게 배우는 놀라운 방법.

영어를 잘 모르는 엄마 아빠도 간단히 실천할 수 있는 영어 학습 원리.

이 원리를 실제 학습에 적용하기 시작하자, 그 결과는 놀라운 것이었다.

7–8세짜리 유, 초등생들이 불과 몇 달 정도의 학습 후에 거리낌 없이 영어로 말하기 시작하고, 영어라면 골머리를 흔들던 중고등생들이, 영어가 세상에서 제일 쉽고 재미있는 과목이라고 말하기 시

작했다.

나는 마치 100년 이상 지속되어 오던 거대한 사기극에서 깨어나 눈앞이 확 밝아진 듯한 느낌이 들었다.

100년 전, 영어 못하는 일본인 선생들에 의해서 시작된 "문법 따지기식, 암호 해독식 영어 교육",

"10년 넘게 공부를 해도 말 한 마디 제대로 못하는 영어 교육",

"어린아이들부터 대학생, 일반인까지 엄청난 시간과 비용을 들이며 노력해도 좀처럼 실력이 늘지 않는 영어",

마치 어떤 나쁜 세력이 악랄한 마음을 먹고 조직적으로 사기를 치는 것처럼, 전 국민이 매달려서 애를 쓰고 고생을 하는데도 100년이 지나도록 조금도 나아지지 않는다.

누구 탓을 할 일도 아니다. 나도 한때는 그 사기 조직의 일원으로서 열심히 활동을 했었으니까.

영어 교육에 관한 수많은 미신들.

"영어는 무조건 알파벳부터 배워야 한다."

"파닉스를 해야 읽기 쓰기가 된다."

"단어를 많이 외워야 영어가 된다."

"모든 문법을 철저히 마스터하기만 하면 영어가 될 거야."

"문법은 be동사 현재형부터 차근차근 레벨을 맞춰서 배워야 한다."

마치 "자동차의 모든 부품을 다 알아야 운전을 할 수 있다"는 식의 말도 안 되는 미신들이 우리나라 영어 교육을 지배해 오고 있다.

이 미신들로 인해서 일그러진 영어 교육을 하나님이 주신 쉽고 간단한 원리로 회복시키는 것이 이 책의 목적이다.

평생 마이크 잡고 떠드는 것을 주업으로 하던 사람인 고로, 직접 말로 강의한다면 훨씬 더 쉽고 재미있게 설명할 수 있었겠지만, 글로 쓰려니 전달이 그리 쉽지 않았다.

나름대로 최선을 다해 설명했으니 찬찬히 읽어 보면 영어 교육에 많은 도움이 될 것이라고 믿는다.

부디 이 책을 통해서 하나님이 주시는 A.D. 영어학습법을 터득하고, 지금까지 전 국민을 현혹시켜 오던 영어 학습 미신에서 벗어나서, 자녀들은 물론, 본인도 쉽고 재미있게 영어를 마스터하기 바란다.

2023년 6월

정철

Part 1

언어를 주관하시는 하나님

A. D. 학습법을 주시다

1

성경에서 발견한 놀라운 비밀

나는 평생 영어 선생을 했다. 22살에 영어학원 땜빵 강사로 시작해서, 2023년 현재 74살이니까, 얼추 50년 이상 영어를 가르쳐 온 셈이다.

처음에는 뭣도 모르고, 그냥 내가 배웠던 대로 가르쳤다. 기초 독해부터 시작해서, 가르쳐 달라는 대로 문법도 가르치고, 어휘력도 가르치고, 청취, 회화, 토플(TOEFL), 토익(TOEIC), 나중에는 어린이 영어도 개발해서 가르쳤다. 학생들이 가르쳐 달라고 하는 것은 다 준비해서 가르쳤다.

밤잠 안 자고 열심히 연구해서 가르쳤더니 잘 가르친다고 소문이 나서 학원도 크게 번창했다. 그중에 특히 어린이 영어는 전국에 수백 개의 프랜차이즈 학원을 거느릴 정도로 인기가 있었다.

그런데 딱 한 가지 풀리지 않는 고민이 있었다. 아무리 애를 쓰고 연구해서 가르쳐도, 영어가 원어민처럼 시원하게 뚫리지는 않는 것이었다.

영어가 뻥 뚫리는 방법을 찾기 위해서, 영어 교육에 관한 서적도 많이 읽고, 국제적인 세미나도 열심히 참여하고, 영어 잘 가르친다고 소문난 곳이면 전 세계 어디든 다 찾아다니면서 연구했다. 그 결과 전보다는 훨씬 효과적인 학습법을 개발해서 사용하게 되었지만, 내가 원하던, 획기적으로 영어가 뻥 뚫리는 학습법을 발견하지는 못했었다.

"결국 여기까지가 한계인가?"

그러다가 내 나이 50이 되던 해, 내 일생일대의 역사적인 사건이 일어났다.

바로, 내가 교회에 나가기 시작한 것이다.

영국 유학 가서 예수를 믿게 된 큰아들이 1년간에 걸친 끈질긴 투쟁 끝에 나를 예수님께로 인도한 것이다.*

그리하여 난생처음 성경을 읽게 되었다.

창세기 1장 1절부터 쭉 읽어 가다가 11장에 가서 충격적인 대목에 부딪쳤다.

처음에 세상에는 언어가 하나뿐이어서, 모두가 같은 말을 썼다.

(창 11:1, 새번역)

놀라운 말씀이었다. 학창 시절에 영어 공부가 하도 괴로워서 "온

---

* 이 과정의 얘기가 굉장히 재미있다고들 하는 데, "Part 5. 정철 선생 예수님 만난 이야기"에 자세히 써 놓았으니 읽어 보면 된다.

세상 사람들이 한 가지 언어만 쓴다면 얼마나 좋을까? 공부할 필요도 없고. 기왕이면 한국말로 통일하면 좋겠다" 하고 친구들끼리 말하곤 했는데, 그런 시절이 진짜로 있었다는 것이다.

그렇다면 지금 이 세상의 수많은 외국어는 어떻게 생긴 것일까?

놀라운 말씀이 이어진다.

> 사람들이 동쪽에서 이동하여 오다가, 시날 땅 한 들판에 이르러서, 거기에 자리를 잡았다. 그들은 서로 말하였다.
> …
> "자, 도시를 세우고, 그 안에 탑을 쌓고서, 탑 꼭대기가 하늘에 닿게 하여, 우리의 이름을 날리고, 온 땅 위에 흩어지지 않게 하자."
> 주님께서 사람들이 짓고 있는 도시와 탑을 보려고 내려오셨다. 주님께서 말씀하셨다.
> "보아라, 만일 사람들이 같은 말을 쓰는 한 백성으로서, 이렇게 이런 일을 하기 시작하였으니, 이제 그들은, 하고자 하는 것은 무엇이든지, 하지 못할 일이 없을 것이다. 자, 우리가 내려가서, 그들이 거기에서 하는 말을 뒤섞어서, 그들이 서로 알아듣지 못하게 하자."(창 11:2-7, 새번역)

여호와께서 거기서 그들을 온 지면에 흩으셨으므로 그들이 그 도시를 건설하기를 그쳤더라 그러므로 그 이름을 바벨**이라 하니 이는 여호와

** babble: 알 수 없는 말을 끝없이 주절거리다.

께서 거기서 온 땅의 언어를 혼잡하게 하셨음이니라 여호와께서 거기서 그들을 온 지면에 흩으셨더라(창 11:8-9)

놀라운 얘기다. 원래는 온 세상 사람들이 한 가지 언어만 사용했는데,

하나님이 그들의 언어를 뒤섞어 놓으시는 바람에,

서로 말이 통하지 않아서 온 세상으로 흩어졌다는 것이다.

여기까지 읽고 마음이 착잡해졌다.

'이렇게 서로 말이 통하지 않게 하는 것이 하나님의 뜻이라면,

아무리 영어를 공부해도 결국 뚫리지 않는 것이 아닌가?'

'그래도 몇천 년 지나는 동안에 마음이 바뀌셨을 지도 모르니 좀 더 방법을 찾아보자.'

'한 언어에서 수많은 언어가 갈라져 나왔다면 영어도 우리말과 한 뿌리에서 나온 것이니, 그 DNA도 같을 것이고, 잘하면 그 뚫리는 방법도 찾을 수 있을 것이다.'

등의 생각이 들었다.

그 방법을 가르쳐 달라고 기도하면서, 계속 성경을 읽어 나갔다.

그러다가 생각지도 않던 놀라운 장면을 보게 되었다.

다음 장에서 계속.

2

기도하다가 터진 외국어

"하나님, 영어 터지는 비결을 가르쳐 주세요."

기도하면서 계속 성경을 읽었다.

말씀 한마디로 온 세상 만물을 만드시고,

사악한 인간들을 물로 심판하시고,

홍해를 가르시고,

광야의 바위에서 생수를 터뜨리시고,

끈질기게 말도 안 듣고 뺀질거리는 인간에 대한 하나님의 사랑과 탄식….

길고 긴 구약이 끝나고, 신나게 신약으로 들어갔다.

예수님이 이 땅에 오셔서 온갖 기적을 일으키시고,

질병을 고치시고, 복음을 선포하시고,

우리의 죄를 대신 지고 십자가에서 처형당하시고,

사흘만에 부활하시고,

다시 오신다고 약속하시고, 천국으로 올라가셨다.
그리고 시작된 사도행전.
사도행전 2장에 들어서자, 그야말로 놀라운 장면이 터졌다.

오순절이 되어서, 그들은 모두 한 곳에 모여 있었다. 그때에 갑자기 하늘에서 세찬 바람이 부는 듯한 소리가 나더니, 그들이 앉아 있는 온 집안을 가득 채웠다. 그리고 불길이 솟아오를 때 혓바닥처럼 갈라지는 것 같은 혀들이 그들에게 나타나더니, 각 사람 위에 내려앉았다. 그들은 모두 성령으로 충만하게 되어서, 성령이 시키시는 대로, 각각 방언으로 말하기 시작하였다.
예루살렘에는 경건한 유대 사람이 세계 각국에서 와서 살고 있었다. 그런데 이런 말소리가 나니, 많은 사람이 모여와서, 각각 자기네 지방 말로 제자들이 말하는 것을 듣고서, 어리둥절하였다. 그들은 놀라, 신기하게 여기면서 말하였다.
"보시오, 말하고 있는 이 사람들은 모두 갈릴리 사람이 아니오? 그런데 우리 모두가 저마다 태어난 지방의 말로 듣고 있으니, 어찌 된 일이오?"
(행 2:1-8, 새번역)

정말 놀라운 일이다.
생전 배워 본 적도 없는 외국어가, 성령님이 임하시자 저절로 입에서 터져 나왔다는 것이다.
'아! 언어를 수많은 외국어로 흩뜨려 놓으신 분도 하나님이시고, 그것들을 통하게 하시는 분도 하나님이시구나.'

'외국어라고 해도 원래 한 뿌리에서 나온 언어들이니, 서로 통하게 하는 것도 하나님께는 그리 어려운 일은 아니구나. 그러면 영어 능통 비결을 알려달라고 하나님께 계속 졸라 보자'라는 생각이 들었다.

"하나님, 저에게도 성령의 불꽃을 내려 주세요."

"영어의 문을 열어 주세요."

"영어가 뻥 터지는 방법을 가르쳐 주세요."

"기도하다가 외국어가 터졌다는데, 영어가 터지는 기도를 가르쳐 주세요."

하고 열심히 기도하며 떼를 쓰기 시작했다.

처음에는 집과 사무실에서 기도하다가, 마음 놓고 소리지를 수 있는 곳을 찾아 청계산 기도원에 가기 시작했다.

기도원이라고 해 봐야, 청계산 계곡에 널려 있는 바위나 시멘트로 만든 좌대에 한두 사람씩 앉아서 기도하는 곳인데, 사람이 적을 때는 수십 명, 많을 때는 수백 명이 와글와글 소리 높여 기도했다.

2천년 전 예수님의 제자들이 모여서 기도하다가 외국어가 터졌다는 다락방과 비슷한 분위기다. 숲속의 우거진 나뭇잎 사이로 부는 바람을 온몸에 맞으면서 기도하면 묘하게 집중이 잘 되었다.

하루는 '응답 받기 전에는 결단코 내려가지 않겠다' 결심하고 밤새도록 기도를 하고 있는데, 혀가 이상하게 꼬이기 시작하더니 알 수 없는 소리가 내 입에서 나오기 시작했다.

그러더니 기도가 힘을 받기 시작해서, 먼동이 틀때까지 무려 다섯 시간 이상을 계속해서 기도했다.

내 입에서 나오는 소리가 무슨 소리인가 들어 보니, 내용은 잘 모르겠지만 억양으로 봐서는 중국어같이 들렸다. 주변 사람들이 말하기를 방언을 받은 것이라고 했다.

이 방언은 처음에는 중국어 비슷하게 시작해서, 그다음 날은 일본어 비슷한 소리가 되고, 또 며칠 뒤에는 동남아 말 같은 소리가 되고, 얼마 뒤에는 유럽 말 같은 소리가 되고, 이런 식으로 계속 진화를 거듭하더니, 지구를 한 바퀴 돈 후에 지금의 방언으로 정착이 되었다.

이렇게 시작된 청계산 산 기도는 주 2–3회씩 몇 년간 계속되었는데,

기도하는 동안 하나님은 많은 것을 환상과 직관을 통해서 가르쳐 주셨다.

그러면서 영어 학습에 관한 새로운 눈이 열리기 시작했다.

지금까지 숨겨져 왔던 영어 학습에 관한 하나님의 원리를 깨닫기 시작했다.

영어 공부하는 방법과 가르치는 방법이 완전히 달라졌다.

일제강점기 이래로 엉터리 영어 학습을 시켜 온 거대한 사기극에서 벗어나는 순간이었다.

누구나 되는, 쉽고, 새롭고, 확실한 방법!

주님이 가르쳐 주신 새로운 방법으로 가르치기 시작하자 기적과 같은 놀라운 결과가 나오기 시작했다.

알파벳도 모르던 초등학교 1학년 학생이 영어 성경을 유창하게 암송하고 원어민과 화상 대화도 재미있게 하게 되었고, 또 이렇게

한 3년 하고 나더니 "엄마, 이젠 영어가 우리말처럼 느껴져요"라고 말한다. 또, 영어를 완전히 포기했던 중학생이 6개월 만에 학교 영어 성적이 90점 대로 오르면서, 영어가 가장 좋아하는 과목이 되었고, 영어로 설교하는 게 평생 소원이었던 한 목사님은 1년 만에 영어로 설교를 하게 되었다.

너무 쉽고 간단해서 누구나 할 수 있는 방법, 성공률 100%의 학습법.

나는 이 새로운 방법을 "영어를 제2 모국어로 만드는 'A.D. 학습법'(Anno Domini; In the year of the Lord, 주님이 주관하시는 학습법)"이라고 부르고,

아무리 애를 써도 고생만 하고 되지 않는 옛날식 방법을 'B.C. 학습법'(Before Christ, 예수님이 가르쳐 주시기 전의 학습법)이라고 부른다.

이제부터 쉽고 간단하고 놀라운 A.D. 학습법을 설명하겠다.

기도하는 동안 하나님은 많은 것을
환상과 직관을 통해서 가르쳐 주셨다.
주님이 가르쳐 주신 새로운 방법으로
가르치기 시작하자 기적과 같은
놀라운 결과가 나오기 시작했다.

Part 2

미국 아이들처럼 영어를 배울 수 없을까?

3

머릿속의 언어 습득 장치

내가 처음 미국을 방문했을 때, 참으로 놀라운 광경을 목격했다.

바로 어린 아이들이 유창하게 영어를 하는 것이었다.

대여섯 살 정도밖에 안 되는 쪼끄마한 아이들이 영어로 떠들고, 싸우고, 엄마한테 칭얼대고 하는 것이 아닌가?

아니 세상에! 우리나라에서는 초중고생부터 대학생, 어른에 이르기까지 그렇게 기를 쓰고 공부해도 안 되는 영어를 어린아이들이 아무 일도 아닌 것처럼 그렇게 자연스럽게 하다니.

큰 충격이었다.

그 당시 유행하던 중국 무술영화를 보면, 신선들이 사는 깊은 산골에서 아이들이 바윗돌로 공기놀이를 하고, 장풍을 쏘고, 공중을 날아다니고 하는 장면들이 나오는데, 마치 그런 광경을 보는 것처럼 신기하고 놀라웠다.

도대체 어찌된 일인가?

만나는 사람마다 그 얘기를 했더니,

"아, 미국 애들이 영어를 하지 그럼 무슨 말을 해요?"

"애들이 다섯 살만 되면 못하는 말이 없어요."

며칠동안 곰곰이 생각한 결과 한 가지 결론에 도달했다.

"영어는 원래 쉬운 것이었다!"

"쉬우니까 애들이 그렇게 영어를 하지, 우리가 학교에서 배웠듯이 그렇게 어려우면, 그 쪼끄마한 어린아이들이 영어를 저렇게 유창하게 할 리가 없다."

결론이 나니 또 다른 질문이 생겼다.

"모국어로 배울 때는 저렇게 쉽게 배우는데,

외국어로 배울 때는 왜 그렇게 어려운 것일까?"

"그러면, 모국어는 어떻게 배우는 것일까?"

아이들이 모국어를 배우는 방법을 연구하기 시작했다.

자녀를 키워 본 사람들은 다 경험한 것이지만, 워낙 정신없이 지나가서 다 잊어버렸을 터이니, 다시 차분히 정리해 보기로 하자.

갓 태어난 아기는 말을 못한다. 그저 울기만 한다.

뭔가 좀 불편하면 무조건 운다.

한 달 동안 그냥 먹고, 자고, 싸고, 버둥대고, 운다.

그러다가 1개월쯤 지나면 울음으로 의사소통을 하기 시작한다.

아플 때는 비명을 지르듯이 울고, 배고플 때 울음,

기저귀가 축축하든지, 뭔가 불편할 때 칭얼거리는 울음….

여러 가지 형태의 울음으로 의사를 표현한다.

숙달된 엄마나 할머니가 곧바로 알아듣고,

“오오, 우리 애기 배고파요?”

“오오, 기저귀 갈아 줘요?” 하면서 돌보아 준다.

생후 1–2개월이 지나면서 아기는 울음 이외의 발성을 하기 시작한다.

주로 “우–” “구–” “쿠–” 등의 소리를 낸다. 비둘기 울음소리 같다고 ‘쿠잉(cooing)’이라고 한다.

특히 배부르고, 편안하고, 기분 좋을 때 엄마와 눈맞춤을 하면서 쿠잉을 하는데, 얼마나 예쁜지 모른다.

생후 3–4개월이 되면 아기가 옹알이를 시작한다.

발성 기관을 움직여서 소리를 내는 발성 연습을 하는 것이다.

주로 “바–바–바” “마–마–마” 같은 소리를 반복한다.

이때 엄마들은 아기가 “엄마”를 불렀다고 감격하며 자랑하지만, 아기는 그저 하기 쉬운 소리를 내는 것뿐이다.

5–6개월 지나면 자신이 우연히 만들어 낸 소리를 즐기면서 약간씩 변형된 소리를 내며 재미있어 한다.

7–8개월쯤 되면 옹알이는 절정에 이른다.

소리가 더욱 다양해진다. “바–바–바” “비–비–비” “마–마–마” “미–미–미” 하는 식으로 다양한 소리를 내고, 또 아기는 자신이 내는 소리를 들으며 즐거워한다.

9–10개월 되면 옹알이는 더욱 세련되어진다.

여러 가지 자음 모음을 다양하게 섞어서 소리를 낸다.

또 다른 사람의 소리를 식별해서 모방하는 소리를 낸다.

마치 말을 하는 것처럼 옹알이를 한다.

발성 기관과 또 그것들을 관장하는 뇌가 발달하고 있는 것이다.

12개월 이후, 두 발로 걷기 시작하면서 드디어 한 단어씩 말을 하기 시작한다.

12개월 무렵 첫 단어를 말한 뒤 약 6개월간 한 단어로 말하는 '일어문 시기(one word stage)'가 지난다.

18–24개월쯤 되면 "엄마 맘마" "아빠 까까" 하는 식으로 두 단어를 연결해서 말하는 '이어문 시기(two word stage)'가 시작된다.

이때부터 어휘 습득이 급속도로 늘어나, 30개월 즈음에는 말할 수 있는 단어가 약 300개가 넘는다. 이 시기를 '어휘 폭발기(word spurt period)'라고 한다.

또 눈에 보이는 것마다 제 마음대로 새로운 이름을 붙여서 부른다.

이때가 집집마다 그 집에서만 통하는 방언이 생기는 때다.

이 시기를 '명명 폭발기(naming explosion period)'라고 한다.

창세기를 보면,

하나님이 최초의 인간인 아담을 지으셨을 때,

들의 짐승과 공중의 새들을 만드시고 아담에게로 데려와, 아담이 그것들을 무엇이라고 하는지 보셨다고 하는데,

그때 아담이 부른 이름이 그 동물의 이름이 되었다고 하는 것과

비슷하다.

그러다가 30-40개월쯤 되면 "엄마 맘마 먹어", "아빠 빠방 가" 하는 식으로 세 단어를 연결해서 제법 내용 있는 말을 하기 시작한다.

전보 치듯이 핵심 단어만으로 말한다고 해서 이 시기를 '전보문 시기'라고도 한다.

이때부터 하루가 다르게 말이 늘어 가다가, 만 5세 정도가 되면 모국어의 거의 모든 소리를 발음할 수 있고, 기본적인 문법 규칙을 스스로 익혀서, 성인들과 의사소통하는 데 아무런 지장이 없는 수준이 된다.

이쯤 되면, 어른들 대화에 끼어들기도 하고, 이것저것 따지며 대들다가 야단을 맞기도 한다.

만 5세쯤 모국어의 기본이 완성되는 것은 전 세계 어디서나 인종을 막론하고 똑같다. 유대인들이 만 5세부터 아이들에게 모세5경을 암송시키는 쉐마 교육을 시작하는 것도 이때에 기본적인 두뇌와 언어능력이 갖춰지기 때문이다.

이후로 유치원이나 학교에 다니고, TV도 보고 하면서 어휘가 늘고, 점점 더 세련되고 수준 있는 말을 하게 된다.

이것이 바로 하나님이 주신, 말 배우는 순서다.

발성 기관이 발달하고, 두뇌와 신체가 발달되어 감에 따라서 모국어가 완성되어 간다. 아이들마다 빠르고 늦고 하는 개인적 차이는 있지만, 이 순서는 전 세계 어느 인종이나 똑같다.

아무리 천재라고 해도 태어나자마자 손을 흔들면서, "여러분, 안

녕하세요? 저 때문에 수고가 많으시네요. 앞으로 잘 부탁드립니다" 하고 예쁘게 인사하는 아이는 없다. 부자건 가난한 사람이건 똑같이 이 단계를 거친다.

그런데 여기서 주목할 것은, 선천적인 뇌 손상을 가지고 있는 아이를 제외하고, 이 자연적인 과정을 거치면서 하는 말 배우기 성공율이 100%라는 것이다.

실패하는 아이가 하나도 없다. 세계 어느 나라를 가도, 인종을 막론하고 똑같다.

이것이 하나님이 말을 가르치시는 방법이다.

이와 똑같은 일이 외국어 배울 때도 일어나게 할 수 있다면 그야말로 대박이다.

그런데, 도대체 아이들의 머릿속에는 뭐가 들어 있길래 이런 일이 생기는 것일까?

언어 학습에 관한 이론은 많이 있지만 다 생략하고, MIT 교수이자 언어학자인 놈 촘스키(Noam Chomsky)가 주장한 인지주의 이론을 간단히 살펴보자.

촘스키의 주장에 의하면, 인간은 태어날 때부터 천부적인 **언어 습득장치**(LAD: Language Acquisition Device)를 가지고 태어나며, 이 LAD를 통해서 자기가 살고 있는 환경의 언어를 흡수해서 자동적으로 습득하게 된다고 한다.

그러니까, 아이들이 언어를 배우는 것은 일부러 노력해서 공부해서 배우는 것이 아니라, 선천적으로 타고난 LAD에 의해서 주변 환경의 언어를 자동적으로 습득한다는 말이다.

이 LAD는 일부러 공부할 때 작동되는 것이 아니고, 생활 속에서 일상적으로 사용되는 언어에 장기적으로 노출되었을 때 작동된다.

또한 언어심리학자인 에릭 레너버그(Eric Lenneberg)의 '결정적 시기론'에 의하면, LAD는 태어나서부터 12세경까지 가장 활발하게 작동하며 그 이후에는 LAD가 서서히 소멸된다고 한다.

따라서, 어린아이가 태어난 뒤 LAD를 통해 모국어를 저절로 습득할 수 있는 기간은 12세경까지, 즉 대략 초등학생 시절까지라고 볼 수 있다.

이 기간 중에는 환경적 조건만 맞으면 한 가지 언어만 익히는 것이 아니라, 두 개, 세 개, 드물게는 네 개까지의 언어도 모국어처럼 익힐 수가 있다.

몇 년 전에 우리 정철연구소에서 원어민 연구원을 채용하기 위해서 면접을 본 적이 있다.

그때 왔던 한 네덜란드인 지원자는 4개 국어를 유창하게 한다고 했다.

내용을 들어 보니, 엄마는 영국인, 아빠는 프랑스인, 유모 겸 가정부는 벨기에인, 학교는 네덜란드 학교를 다녀서 네 가지 언어를 다 모국어처럼 구사한다고 했다. 대박!

LAD가 작동하고 있는 기간에는 생활 환경 속에서 쓰이는 언어를 이렇게 자연스럽게 흡수한다.

좀 더 흔한 예를 보면, 미국에 이민 간 멕시코인의 자녀들이 동네와 학교에서 쓰는 영어와, 또 집에서 사용하는 스페인어, 이 두 가지 언어를 다 모국어처럼 완벽하게 구사하는 것을 흔히 볼 수 있다.

이런 일이 우리나라에서도 일어날 수 있다면 얼마나 좋을까?

영어를 모국어처럼 구사할 수 있도록 LAD가 작동된다면 얼마나 좋을까?

그러나, 우리나라는 영어를 일상생활에서 사용하는 환경이 아니다.

그래서 이론적으로는, LAD에 의한 자동적인 흡수가 불가능하다.

그러나, 하나님이 누구신가? 모든 것을 가능케 하는 분이시다!

"방법을 가르쳐 주세요!!!" 하면서 하나님께 끈질기게 기도했다.

그랬더니, 한국 땅에서도 제2 모국어 습득을 가능케 하는 그 틈새가 보이기 시작했다.

레너버그의 결정적 시기론에 의하면, LAD가 활발하게 작동하는 시기가 0세부터 12세라고 했다.

그중 앞부분, 0세부터 5세까지는 모국어인 한국어 형성 기간이고, 그 이후 7년 동안은 한국어를 더욱 완벽하게 다듬는 기간이다.

그런데 '이 7년 동안의 기간, 우리나라로 치면 초등학교 시절, LAD가 작동되는 이 기간에, 잘만 하면 영어를 제2 모국어로 익힐 수도 있겠다'는 생각이 들었다.

이 기간에 불리한 점은 "영어가 일상생활에서 쓰이는 환경이 아니다"라는 것이고,

유리한 점은, 모국어를 배우던 5세 이전보다 아이들의 두뇌가 훨씬 더 발달되어 있어서 학습력이 몇 배나 강하다는 것이다.

따라서 '방법만 잘 쓰면 모국어 배우듯이 영어를 익힐 수도 있겠다'는 생각이 들었다.

이 점에 착안해서 하나님께 매달렸다.

"하나님, 방법을 가르쳐 주세요!!!" 끈질기게 매달렸다.

마침내, 방법을 가르쳐 주셨다. 할렐루야!

환경으로부터의 영어자동흡수를 대체할 수 있는 놀라운 방법.

하나님의 창조원리에 따른 이 학습 방법을 잘 사용하면 영어를 제2 모국어로 배우는 것이 가능하다.

그동안 우리 연구소에서 실험한 결과, 수많은 성공을 이루었다.

그리고 우리는 이 새로운 학습법을 'A.D.학습법'이라고 이름 지었다.

Anno Domini(in the year of the Lord), **'주님이 주관하시는 학습법'** 이라는 뜻이다.

그 간단하면서도 놀라운 A.D. 학습법을 이 책에서 가르쳐 드리려고 한다.

어린이 영어 교육은 그 원리를 잘 알고 해야지, 그냥 마구잡이로 하면 아이만 생고생시키고 모처럼 하는 교육을 망쳐 버릴 수 있다.

한때, 레너버그의 '12세까지'라는 '결정적 시기론'이 알려지자, 학부모들 사이에 영어 조기교육 붐이 일어났다. 어린아이들에게 무작정 영어를 들려주고, 엄청나게 비싼 영어 유치원에 보내고, 파닉스라는 것도 가르치고, 단어를 외우게 하고, 문법을 가르치기 시작했다.

그러나 하나님이 주신 원리를 무시하고, 이렇게 마구잡이로 허둥대면 모처럼 갖게 된 천금같은 기회를 날려 버리고 머릿속에 온통 영어 쓰레기만 널려 있게 만들 수 있다.

4

영어 가르치는 이상한 방법

모국어를 배울 때는 하나님이 주신 순서와 방법에 따라 100% 성공을 한다.

그러나 일부러 영어를 가르친다고 하면 얘기가 완전히 달라진다.

우리나라에서 일반적으로 하는 것을 보면,

우선 첫 순서로 알파벳부터 가르친다.

알파벳 노래를 가르치고, 글자판을 사서 쓰기를 시키고,

그다음에는 파닉스라는 책을 사거나 학습지를 통해서 단어 읽기 쓰기를 시킨다.

단어를 많이 외우면 영어를 잘 한다고 칭찬한다.

요즈음은 발달된 전자 기술로 이 단계에서 여러 가지 새로운 방법을 많이 사용한다. 그러나 글자 배우고, 단어 외우고 하는 기본 개념은 같다.

그다음엔 동네 학원에 가거나 인터넷을 통해서 간단한 대화와 문법을 배운다.

그러다가 초등학교 고학년이 되거나 중학교에 진학하면 입시를 대비하여 본격적으로 문법을 배운다.

문법은 주로 품사 위주로 가르친다.

우선 명사, 대명사, 동사, 형용사, 부사, 전치사, 의문사, 관계사 등이다.

명사는 보통명사, 물질명사, 추상명사, 고유명사, 셀 수 있는 명사, 셀 수 없는 명사 등…

동사는 be동사, 일반동사, 삼인칭 단수 '–s' 붙이기. 현재형, 과거형, 현재완료형 등…

나름대로 순서를 정해서 공부한다.

독해도 문장 하나하나를 문법에 맞춰 암호 해독하듯이 분석해 가며 해석한다.

단어도 하루에 10개씩, 나중에는 30개씩 외우게 하기도 한다.

그날의 할당량을 다 외울 때까지 집에 보내지 않는 일명 '스파르타식' 학원도 있다.

이렇게 시작된 영어의 부품 공부와 암호 해독식 독해 교육은 중고교, 대학을 거치면서 계속된다.

그 결과, 10년 넘게 공부를 해도 문법을 따져 가며 시험 문제를 겨우겨우 풀어내기는 하지만, 간단한 듣기, 말하기도 제대로 구사하지 못하는 희한한 실력이 된다.

그러면서,

"12세 이전부터 학원에 보냈는데, 왜 잘 못하지?"

"영어 유치원부터 다녔는데, 왜 성적이 안 나오지?"

"영어가 원래 어려운 거야."

하면서, 다들 그냥 하던 대로 계속 하고 있다.

하지만 좀 맑은 정신으로 생각해 보면 말도 안 되는 짓을 하고 있는 것이다.

자동차 운전 배우는 것을 예로 들어 보자.

자동차 운전을 배우려면 무엇부터 배워야 할까?

우선 초록 불이면 가고, 빨간 불이면 서는 등 간단한 교통 규칙을 배운 다음

자동차 조작하는 방법을 배운다. 조작법은 간단하다.

1. 운전석에 앉아서 좌석벨트를 맨다.
2. 시동을 건다.
3. 레버를 주행(D)에 놓는다.
4. 가속 페달을 밟으면 간다. 속도는 발이 본능적으로 조절한다.
5. 가고 싶은 쪽으로 운전대를 돌린다.
6. 속도를 줄이거나 서고 싶으면 브레이크 페달을 밟는다.
7. 뒤로 가고 싶으면 레버를 후진(R)에 놓는다.
8. 주차하고 싶으면 레버를 주차(P)에 놓는다.
9. 시동을 끄고 내린다.

이 정도를 배운 다음, 빈 터에서 땅에 금 그어 놓고, 몇 시간 정도 연습하면 기본적인 운전은 할 수 있게 되고, 이어서 계속 연습하면 실제 도로주행도 하고, 좀 더 숙달이 되면 택시 기사처럼 날쌔게 차선 변경도 하면서 차를 몰고 다닐 수 있게 된다.

그런데 어떤 운전학원에 갔더니 이렇게 말한다.

"운전은 처음부터 잘 배워야 합니다."

"자동차 부품들을 완벽하게 다 알아야 운전을 할 수 있습니다."

"철저하게 잘 가르쳐 드릴 테니 이리 오세요."

따라가 보니 자동차 부품 2만 개를 늘어놓고, 부품의 명칭, 용도 등을 외우라고 한다면 어떻겠는가? 외우고, 까먹고 하면서 몇 년을 노력해도, 운전은 배우지 못한다. "세상에 그런 운전학원이 어디 있겠냐"고 하겠지만, 우리나라에서 영어 가르치는 것이 영락없이 이와 똑같다.

한가지 더 비유를 해 보자.

아기가 태어나서 처음에는 걷지 못한다.

누워서 버둥대다가 뒤집기를 하고, 낮은 포복, 높은 포복을 거쳐서 12개월쯤 되면 걸음마를 한다.

벽을 짚고 혼자 서기 시작하면 온 가족이 나서서 박수를 치면서 응원을 한다.

한 걸음 내딛고 쓰러지고, 또 한 걸음 내딛고 쓰러지고, 뒤뚱거리며 전진할 때마다 앞에서 엄마나 할머니가 "옳지, 우리 아가 잘한다!" 하고 격려하면서 받아 준다.

그러다 보면 어느새 걷는 거리가 길어지고, 얼마 지나지 않아 뛰어다니고, 공도 차고, 고무줄 넘기 놀이도 하고, 자전거도 타고, 하면서 아이들은 자라난다.

그런데 어떤 완벽주의자 집안에 아이가 하나 태어났는데, 그 아이가 걸음마를 시작하려고 하자 온 식구가 달려들어서,

"너 그렇게 함부로 걸으면 안 돼!"

"걷는 데 필요한 모든 뼈와 근육에 대해서 철저히 공부한 다음에 걸어야지 함부로 네 마음대로 걸어 다니면 안 돼."

하면서 인체해부학을 가르친다면 어떻게 될까?

아기가 걸음마를 하려고 할 때마다 붙들어 앉혀 놓고 이렇게 한다면, 그 아이는 걷기를 포기하고 평생 앉아서 살아가야 할 것이다.

극단적인 예를 들었지만, 영어 학습에서도 이와 비슷한 일이 흔히 벌어지고 있는 것이다.

하나님이 주신 원리에 따라 자연스럽게 배우면 되는 것을, 억지로 '영어 해부학' 이론을 만들어서 복잡하게 가르치는 바람에 영어가 안 되는 것이다.

이렇게 영어 해부학만 배우다 보면 어떤 일이 벌어지는가?

우리나라에서 학교를 다닌 사람은 누구나 경험한 것처럼 문법을 따져 가며 어렵사리 독해를 하고, 시험 문제를 풀기는 해도, 다시 말해서 영어 문장을 분해는 해도, 막상 제대로 된 영어는 하지 못하는 희한한 영어 실력을 갖게 된다.

비유하자면, 자동차를 분해는 하지만 운전은 못하게 하는 운전 교육,

이것이 바로 B.C. 학습법이다.

그러면, 우리나라에서 널리 행해지고 있는 대표적인 B.C. 학습법을 몇 가지 살펴보기로 하자.

5

알파벳부터 가르치는 게 좋을까?

B.C. 학습법의 잘못된 첫 단계가 바로 어린이들에게 알파벳부터 가르치는 것이다.

영어를 하려면 먼저 글자부터 알아야 한다는 뜻에서 아무 생각 없이 아이들에게 알파벳 읽고 쓰기를 가르친다.

먼저 알파벳 노래를 가르치는데, 여기까지는 괜찮다.

노래는 아이들이 쉽게 배우고, 좋아하니까.

그다음 글자판을 사서 쓰고 읽기를 시킨다.

여기서부터가 문제다.

어른들은 그저 쉽게 쓰고 읽고 하니까 그냥 연습하면 되겠거니 하고 생각하지만, 아이들에게 있어서 연필을 쥐고, 눈으로 글자를 보고, 손으로 그리고 하는 '눈과 손의 협응 동작'은 뇌의 여러 부분이 합동으로 움직여야 하는 어려운 동작이다. 따라서 두뇌가 제대로 발달되지 않은 아이들을 조금만 무리하게 시키면, 금방 싫증을 내고,

처음부터 흥미를 잃어버리고, 영어를 싫어하게 되기 쉽다.

따라서 아이들에게 읽기 쓰기는 처음부터 긴 시간을 들여, 듣고 말하기부터 배워 가면서 자신이 말할 수 있는 것부터 조금씩 차근차근 해 나가는 것이 좋다.

처음부터 우격다짐으로 하다가 흥미를 잃는 것보다 자기가 할 수 있는 말을 하나씩 읽고, 쓰는 방법으로 진행하면 쉽고 재미있게 따라온다.

그러므로 '알파벳을 전부 마스터하고, 그다음 단계로 간다'는 생각은 잘못이다.

우리 연구소에서 오랫동안 연구 실험해 본 결과에 의하면,

아이들에게 글자를 읽고 쓰는 부담을 주지 않고

그냥 원어민 소리만 들려주면서 영어를 가르쳤을 때,

모국어를 배우는 것처럼 아이들이 훨씬 더 쉽고 자연스럽게 배웠다.

영어의 소리를 통한 듣고 말하기에 익숙해졌을 때, 서서히 읽고 쓰기를 가르치면

부담 없이 쉽고 재미있게 영어를 배운다.

새로운 글자를 배우는 것은 굉장히 어렵고 부담스러운 과제다.

예를 들어서 우리가 태국어를 배운다 하자.

태국어로 "안녕하십니까?"는

남자는 "사와디카-압"이라고 하고, 여자는 "사와디카-"라고

한다.

남성 인사로 몇 번 반복해 보자.

"사와디카-압" "사와디카-압" "사와디카-압"

별로 어렵지 않다.

그런데 이 인사를 태국 문자로 쓰면

"สวัสดีครับ"

이 라면사리 풀어놓은 것 같은 이상야릇한(죄송) 문자들을 다 읽고 쓸 줄 알아야만 태국어로 인사를 할 수 있다면, 아마도 태국어로 인사할 수 있는 외국인은 거의 없을 것이다. 먼저 소리로 배워서 여러 가지 말을 할 수 있게 된 후에, 천천히 글자를 배워도 된다.

원래 글자를 읽는 것, 쓰는 것, 듣는 것, 말하는 것은 각기 관장하는 뇌의 위치와 기능이 다 다르다.

글자를 읽고 쓰는 것은 암호 해독을 하는 것과 같아서, 뇌에서 상당히 고급 기능이 동원된다.

특히 뇌의 모든 기능이 성숙하지 않은 아이들은

처음부터 글자를 읽고 쓰면서 학습을 하도록 하면 굉장히 부담이 된다.

발음도 처음부터 글자를 보면서 연습하면 원어민의 독특한 발음과

연음이 그대로 익혀지지 않고, 글자 중심의 딱딱한 발음이 나오

기 쉽다.

특히 영어는 써 있는 글자대로 발음하는 경우가 거의 없어서

글자를 보고 읽으라고 하면 아이들에게 무척 어렵다.

우리 연구소에서 실험한 바에 의하면, 12세 이하의 아이들은 글자보다는

해당 내용을 그린 그림을 보면서 원어민 소리를 따라하면,

원어민과 분간을 못할 정도의 훌륭한 발음으로 영어를 말할 수 있었다.

그래서 아이들이 어릴수록, 원어민과 똑같은 감정과 느낌으로 말할 수 있게 된 이후에

서서히 문자 교육을 시키면 부담 없이 쉽게 따라온다.

원어민 아이들이 구어체 영어를 완벽히 구사하게 된 후에 글자를 배우는 것과 같은 순서다.

그 다음은 파닉스에 대해서 알아보자.

6

파닉스의 정체

이번에는 우리나라 영어 교육에서 필수과목처럼 알고 있는 파닉스에 대해서 생각해 보기로 하자.

언제부터인지

'아이들이 알파벳을 읽고 쓸 줄 알게 되고 나면, 필수적으로 파닉스를 해야 한다'는 것이

일반적인 통념이 되어 버린 것 같다.

그러면, 그것이 옳은 생각인지 이번에는 파닉스의 정체부터 알아보기로 하자.

파닉스는 원래 영어를 가르치기 위한 프로그램으로 만들어진 것이 아니다.

미국에서 영어를 읽지 못하는 문맹들을 가르치기 위해서 개발된 것이다.

세계 1, 2차 대전 당시 엄청난 수의 군인들이 징집되어 싸웠는데,

그중 대다수가 제대로 교육을 받지 못한 사람들이어서,

아주 간단한 문서도 읽지 못하는 사람들이 대부분이었다고 한다.

이런 문맹자들을 데리고는 작전 수행에 지장이 많아서,

이들에게 글 읽는 법을 가르치는 프로젝트를 시작했다.

그런데, 영어 읽는 법을 가르치는 것이 쉽지 않았다.

스페인어나 이태리어 같은 라틴계 언어는 그냥 써 있는 대로 발음하므로

가르치기가 쉬워서 한 시간 정도만 배우면 웬만한 것들을 다 읽을 수 있다.

그런데 영어는 그렇지 않다.

영어는 '수많은 언어들의 비빔밥'이라고 할 정도로 이방 언어들이 많이 섞인 언어다.

그래서 써 있는 대로 발음되는 단어가 거의 없을 정도다.

그 이유는 영국의 역사를 살펴보면 알 수 있다.

영국 섬의 원주민은 켈트족이었다. (켈트어)

그런데, 기원전 영국을 침공한 로마의 지배를 수백년 간 받았다. (고대 라틴어)

그다음은 수백 년간 바이킹의 침략과 지배를 받았다.

주로 앵글스, 색슨, 주트 족의 지배를 받았는데,

이때 앵글스가 지배하던 지역을 '앵글스의 땅(Land of Angles)'이라고 하다가

'앵글랜드(Angland)'가 되고, 지금의 '잉글랜드(England)'가 되었다.

이때 바이킹족의 덴마크, 노르웨이 쪽의 언어가 심어졌다. (게르만어, 슬라브어)

이렇게 살다가 11세기에 들어와서 '노르만 콩퀘스트(Norman Conquest)'라는 사건이 발생했는데, 프랑스의 노르망디 공이 영국으로 쳐들어와서 왕(윌리암 1세)이 되었다. 이때부터 약 300년간 영국의 상류층은 프랑스어를 사용하게 되었다. (프랑스어 추가)

14–16세기에 들어서 르네상스 문예부흥이 시작되자, 옛 그리스와 로마의 문학, 사상, 예술을 본받자는 운동이 벌어졌다. 그래서 지식층을 중심으로 라틴어와 그리스어를 사용하는 것이 유행이 되었다. (라틴어, 그리스어 추가)

듣기에도 정신 사나울 정도인데, 이렇게 복잡한 비빔밥 같은 언어가 영어다.

단어마다 어원을 살펴보면, 족보가 복잡하다.

그래서 스펠링 써 있는 대로 읽히는 단어가 거의 없을 정도다.

써 있는 그대로 읽는 우리말과는 아주 다르다.

(세계 최고의 한글을 만들어 주신 세종대왕님에게 새삼 감사하게 된다.)

그래서 미국에서 나온 파닉스 책들을 보면 집필진이 불쌍할 정도로 법칙이 선명하지 않고 그냥 억지로 꿰어 맞춘 것들이 많다.

어떤 단어들은 파닉스 규칙을 배우느니 차라리 단어 스펠링을 그냥 통째로 외워 버리는 게 나은 단어들이 많다.

법칙에 맞는 것을 찾다 보니, 쓸모없는 단어도 가르친다.

그래서 아주 기초적인 것들을 벗어나면 차라리 안 배우는 게 나을 정도다.

이렇게 원어민 난독증과 문맹 퇴치용으로 개발된 별 인기 없던 프로그램을 1990년대에 우리나라 영어 학습지 회사들이 도입해서 필수 영어교재로 선전하기 시작했고, 법칙을 좋아하는 한국민의 구미에 맞아서 의외로 장사가 잘되자 미국에서 다시 역수입해서 영어 학습프로그램으로 선전하기 시작한 것이 파닉스 붐이 일어나게 된 전말이다.

결론은 파닉스를 배운다고 해서, 스페인어나 이태리어처럼 처음 보는 단어를 유창하게 읽을 수 있는 것은 아니다.

그래서 우리 연구소에서는 글자 배우기 완전 초보 상태에서 법칙이 선명한 것들만 골라서, 재미 삼아 좀 가르치고, 그다음부터는 그냥 통 단어 그대로 문장 속에서 원어민 발음으로 익힌 다음에 써 보는 학습법을 사용한다.

공식을 외워야 하는 부담이 없어서 아이들이 아주 즐겁고 쉽게 따라한다.

그래서 영어 배우기의 필수코스로 파닉스를 꼭 해야 한다고 생각하는 것은 잘못된 생각이다. 쉽게 배우자고 시작한 영어가 오히려 더 어렵게 발목을 잡을 수 있다.

다음은 문법에 관해서 생각해 보자.

7

문법책을 다 외우면 영어가 될까요?

흔히들 생각하기에 영어는 단어로 구성되어 있고,

그 단어로 문장을 만드는 법이 바로 문법이라고 생각해서,

단어를 많이 외우고 문법만 마스터하면 영어가 될 것이라고 순진하게 생각하는 사람이 많다.

하지만, 실상은 그렇지 않다.

앞에서 설명한 것처럼 영어는 수많은 외국어가 비빔밥처럼 섞여서 이루어진 언어이기 때문에 단어 철자뿐이 아니고 문법도 잡탕으로 엉켜 있다.

그래서 문법부터 배워서는 절대로 마스터할 수가 없다.

예를 들어서 "행복하다"는 말을 할 때 다음과 같이 표현한다.

I am happy.

You are happy.

He is happy.

She is happy.

They are happy.

이런 식으로 동사가 다 다르고, 또 이것들의 원형은 'be'란다.

그러면 그러지 말고, 그냥 'be' 한 가지로 통일하면 안 되는 건가? 왜 주어에 따라서 달라지는데?

이유는 없다. 그냥 그렇게 말한다.

이것을 법칙으로 외워서는 말을 못한다.

그냥 자연스러운 문장을 자꾸 반복해 소리 내 읽어서, 그냥 통으로 입에서 나오도록 하는 수밖에 없다.

영어를 처음 배우는 아이들에게 be동사 표를 그려 놓고 외우게 하는 것은 아주 좋지 않은 방법이다. 그런데 일반적으로 그렇게 한다.

문법책에 나오는 문법들 모두 다 마찬가지다.

그것을 몽땅 다 암기한다고 해서 영어가 되는 것은 아니다.

영어는 법칙을 미리 만들어 놓고, 그에 따라서 형성된 언어가 아니라, 수천 년 동안 수많은 외래어와 비벼 가면서 형성된 언어다.

그래서 법칙을 미리 암기하고 그에 따라서 문장을 만들어 가는 연역식 방법으로는 결코 마스터할 수가 없다.

우리나라 영어 교육이 시작부터 망가진 것은 바로 '문법을 마스터하면 영어가 될 것이다'라는 잘못된 전제에서 시작되었기 때문이다.

학원에서 수강생들을 상담하다 보면, 아무리 애써도 안 되는 영

어에 한이 맺혀서

"학창시절 공부하던《성문 종합영어》를 싸 들고 절간이라도 들어가서 완전 암기한 뒤에 하산하면 영어가 되지 않을까요?"라고 하는 학생들을 종종 보았다.

오죽 답답하면 그런 생각까지 했을까?

그런 그들에게 나는 "용기야 가상하지만, 그렇게 해 봐야 외워지지도 않을 뿐더러, 설령 다 외운다 하더라도 영어가 되지는 않는다"고 설명해 주곤 했다.

말이 나왔으니까 말인데, 그《성문 종합영어》는 자동차로 말하면 '자동차 부품 종합 백과' 같은 책이다. 온갖 까다로운 문법은 다 모아 놓고, 예문도 이해하기 까다로운 것들만 모아 놓은 책이다.

한번은 미국 명문대학을 졸업하고 우리 학원에서 강의하고 있던 원어민 선생한테 그 책을 보여 줬더니, 고개를 절레절레 흔들면서 "세상에서 가장 어려운 책"이라고 하더라.

이 책이 몇십 년 동안 우리나라 학원가에서 큰 인기를 누렸는데, 그 이유는 책이 좋아서가 아니라, 복잡하고 어려워서 혼자서는 절대로 공부할 수 없기 때문에 학원에 가서 설명을 들어야만 되고, 또 한번만 수강해서는 내용을 알 수가 없어서 자꾸 재수강을 하기 때문에 학원 측 입장에서는 아주 수익성 높은 책이었기 때문이다.

결론적으로 '단어만 많이 외우고, 문법만 마스터하면 영어를 마스터할 수 있다'는 생각은 잘못된 생각이다.

이 단어 중심, 문법 중심 B.C. 학습법은 전 국민에게 마치 군건

한 믿음처럼 깊이 새겨져 있어서, 지독한 미신에 휘말린 것처럼 좀처럼 벗어나지 못한다.

영어를 제대로 하려면 먼저 이 미신에서 벗어나야 한다.

그러면, 이러한 B.C. 학습법은 도대체 누가 먼저 시작한 것일까?

다음 장에서 계속.

8

이 고약한 사기극 누가 시작했나?*

언어 학습의 기본에 대해 조금 알고 나니까, '지금까지 내가 영어를 잘 못했던 것은, 내가 열심히 하지 않은 탓이 아니라, 학습법이 잘못된 것이었구나' 하는 생각이 들었을 것이다.

그러다 보니 한 가지 의문이 생긴다.

'그러면 왜 우리 선생님들은 미국 아이들은 일도 아니게 배우는, 그 멀쩡히 쉬운 영어를 그렇게도 어렵게 가르쳐서 불쌍한 학생들을 생고생시키는 것일까?'

나도 옛날에는 그런 생각을 하면서 죄 없는 선생님들을 원망한 적

* 본 장은 《영어혁명 제1탄, 대한민국 죽은 영어 살리기》에서 일부 발췌, 수정한 것입니다.

이 있지만, 알고 보면 그분들도 그분들의 선생님한테 배운 대로 가르친 것뿐으로, 잘못된 교수법의 피해자이기는 마찬가지다. 나도 한 때는 내가 배웠던 대로 학생들을 가르쳤으니까.

그러면 그 선생님의 선생님은 왜 또 그렇게 가르쳤을까? 또 그 선생님의 선생님은 왜? 왜? 왜? 하고 거슬러 올라가다 보면 '누가 맨 처음 그렇게 고약한 방법으로 가르치기 시작했을까?' 하는 의문에 도달하게 된다.

그러면 이 '고약한 영어 교육'의 원조를 찾기 위해 우리나라의 영어 교육사를 함께 살펴보기로 하자.

우리나라에서 처음으로 영어 교육이 시작된 것은 지금으로부터 약 140년 전인 구한말 때였다고 한다.

서방 국가들과의 교류가 시작됨에 따라 1883년에 '동문학'이라는 통역학교가 설립되고, 1886년에는 '육영 공원', 1894년에는 '영어학교' 등의 통역학교들이 그 뒤를 이으면서 통역사와 외교관들을 양성해 내었다.

이때의 선생님들은 주로 네이티브 스피커(Native Speaker; 이하 원어민)들로서 영어뿐만 아니라 다른 교과목까지 영어로 가르쳤다고 하는데, 학생들의 배우려는 열의가 대단하여 약 6–10개월 가량의

교습 뒤에 웬만한 정도의 통역은 할 수 있었다고 전한다.

▲ 그림 1. 육영 공원

이런 것으로 봐서, 우리 민족이 원래부터 영어를 잘 못하는 것은 아니었구나 하는 것을 알 수 있다.

또한, 이 통역학교들과는 별도로 1886년에 배재학당, 이화학당, 1887년에 정신학원 등 사립 기독교학교들이 잇따라 설립되어 역시 외국인 선교사들에 의한 영어 교육이 활발히 진행되었다고 하니, 우리나라의 영어 교육이 그 출발에 있어서는 꽤 괜찮은 모습이었다고 할 수 있다.

우리나라 초대 대통령 이승만 박사도 배재학당에서 영어를 배워서 감옥에서 영한사전을 집필했다고 한다. 석방되는 바람에 완성하진 못했지만.

그러나 1910년에 이르러 한일합방이 되자 그런대로 잘 나가던 영어 교육에 문제가 생기게 되었다.

우리나라를 실질적으로 통치하게 된 조선총독부는 '조선을 영원한 식민지로 만들기 위해서는 무엇보다도 일본어 교육에 주력해야 한다'는 생각에서, 모든 국립·왕립 외국어 학교를 폐쇄하는 칙령을 발표하였다.

이에 따라 공식적인 영어 교육은 여기서 대가 끊기고, 그 칙령에 영향을 받지 않는 소수의 사립 기독교학교들만이 근근이 영어 교육의 명맥을 이어 가게 되었다.

그러다가 1919년에 이르러 3·1운동이 일어나자, 그 엄청난 기세로 전국을 뒤흔든 민중봉기의 함성에 위협을 느낀 일제는 대학 설립을 허용하고, 영어, 독어 등의 외국어 교육을 중등학교에서 실시하는 등 유화정책을 펴기 시작했는데, 이때가 바로 그 '고약한 방식의 영어 교육'이 시작된 때라고 볼 수 있다.

그 당시 영어 교과서로는 영국에서 들여온 《네셔널 리더스》(National Readers) 등을 사용했다니까 책은 그런대로 괜찮은 것들을 사용한 셈이지만, 문제는 그것을 가르치는 '일본인 선생들'이었다.

그 당시만 하더라도 녹음기 같은 것은 구경도 못하던 시절인지라, 이 일본인 선생들로 말할 것 같으면, 원어민들과의 대화 경험은 고사하고, 자기가 가르치는 영어의 실제 발음이 어떤 것인지 평생 한 번도 들어 본 적도 없는 순 토종 일본인들이었으니 그 영어 수업이 어떠했을까 짐작이 갈 것이다.

▲ 그림 2. 옛날 교실

일제강점기에 학교를 다녔던 옛날 어른들에게 그 당시 영어 수업 광경을 들어 보면,

선생님이 점잖게 "제아 이즈아 비꾸 비르딩구" 하고 선창하면 학생들이 일제히 따라하고, 또 선생님이 "제아 이즈아 고뿌 어부 호또 고히" 하면 또 따라하고 하면서 영어 수업을 했다고 한다.

영락없이 일본말처럼 들리는 이 괴상한 소리들이 무슨 소리인가 하면

"제아 이즈아 비꾸 비루딩구"는
"There is a big building"고,
"제아 이즈아 고뿌 어부 호또 고히"는
"There is a cup of hot coffee"다.

참으로 희한한 영어 발음이다.

발음 얘기가 나왔으니 말이지만, 영어 발음에 있어서 일본 사람들은 그야말로 거의 구제불능이다. 그들의 모국어 발음이라고 해 봐야 기껏 일본어 50음도에 나오는 것이 고작인데, 그 몇 안 되는 발음을 가지고 영어를 하려 하니,

트럭(truck)은 '도라꾸'
택시(taxi)는 '다꾸시'

밀크(milk)는 '미루꾸'

맥도날드(Mcdonald)는 '마구도나루도'

서바이벌 게임(survival game)은 '사바이바루 게이무'

캘리포니아(California)는 '가루뽀루니아'

이런 식으로 밖에는 소리가 나지 않는다.

이에 비해 우리나라 사람들은 영어 발음에 있어서 별로 크게 걱정할 필요가 없다. 우리말의 발음은 [f] [v] [th] 등 몇몇 발음을 제외하고는 거의 다 영어 발음의 오차 허용 범위 안에 들어가기 때문에 영어 배우는 데 별로 문제가 없다.

다만, 발음 나쁜 일본인 선생들이 멀쩡한 한국 학생들의 발음을 처음부터 죄다 버려 놓은 데다 그들의 '발음 공포증'까지 그대로 물려주는 바람에, 지금까지도 마치 발음 때문에 영어가 잘 안 되는 듯이 발음 타령을 하고 있는 사람들이 많다. 그러나 일본인이라면 몰라도 제대로만 배우면, 한국인에게 있어서는 영어 발음이 그리 큰 걸림돌이 되지는 않는다

발음은 그렇다 치고, 이 일본인 선생들이 가지고 있던 보다 근본적인 문제는, '영어'라는 것이 사람들이 매일 같이 의사소통에 사용하는 '살아 있는 언어'라는 것을 느끼지 못하고, 그냥 '학술적인 연구 분석의 대상'으로만 생각한다는 것이었다.

영어를 배워 봐야 실제로 원어민과 대화할 기회도 없고, 또 그렇다고 영어로 되어 있는 문서나 신문 잡지를 통해서 정보를 얻어야 하는 것도 아닌, 그 당시로서는 어찌 보면 당연한 일이었으니 마냥 그들만 탓할 일은 아니지만, 여하튼 영어에 감이 전혀 없는 이 일본인 선생들이 가장 자신 있는 대목은 바로 '문법 따지기'였다.

예를 들어, 영문 독해를 한다 치면, 그냥 죽 읽어 가면서 그 뜻을 이해하면 되는 것을, 그렇게 하지 않고 '오냐, 너 잘 만났다. 어디 한번 본격적으로 따져 보자' 하듯이 문장 하나하나마다 격, 형식, 태, 시제, 화법, 일치 등 상상할 수 있는 모든 것을 따지고, 분석하고, 다시 일본말로 재정리하고 하면서 마치 암호 문서 해독하듯이 해석을 해 나간다.

그러다 보니 문장 하나 해석하는 데 5분, 10분씩 걸리기 일쑤고, 또 그 설명을 듣고 있는 학생들도 정신없이 밑줄 치고, 받아 적고, 외우고 하다 보면 도대체 뭘 배우고 있는 건지 모를 정도다.

게다가 선생들은 자신의 권위를 높이기 위해 문법 사항이나 예문 같은 것들도 기본적인 내용보다는 학생들이 잘 모를 만한 예외적인 것들만 주로 뽑아서 가르치고, 시험문제도 될 수 있는 한 풀기 힘든 까다로운 문제 위주로 내다 보니, 미처 '기초력'을 제대로 갖추지 못한 학생들은 영문도 모른 채 골치 아픈 문법과 단어들을 외우느라 마치 고행을 하듯이 공부를 해야만 했다.

이렇게 뜻도 모를 암호 문서 같은 것을 매일같이 붙들고 씨름하다 보니, 영어 공부라는 것이 재미있기는커녕, 하면 할수록 괴롭기만 한 공포의 대상이 되어 버렸고, 학년이 올라갈수록 제대로 따라가지 못하고 낙오하는 학생들이 기하급수적으로 늘어나서, 결국에는 10년 이상 영어를 공부하고도 유창한 회화는커녕 영자 신문 하나 제대로 읽는 사람을 찾기 힘든 형편이 되어 버린 것이다.

일제강점기 때 시작된 이러한 잘못된 영어 학습 개념은 지금까지 변함없이 계속 이어져 내려와, 거의 100년이 지난 지금 이 순간까지도 굳건한 믿음으로 그대로 지속되고 있다.

이렇게 문법 분석 중심의 영어 해부학만 공부하고 나면 어떻게 되는가?

또 그렇게 망가진 영어를 어떻게 되살려 내는가?

그 해답을 분명히 보여 주는 성경 말씀이 있다. 함께 읽어 보자.

읽으면 힘이 불끈 솟는 말씀.

선지자 에스겔의 환상적 예언이다.

주님께서 권능으로 나를 사로잡으셨다. 주님의 영이 나를 데리고 나가서, 골짜기의 한가운데 나를 내려 놓으셨다. 그런데 그곳에는 뼈들이 가득히 있었다.… 그것들은 아주 말라 있었다. 그가 내게 물으셨다.…

"너는 이 뼈들에게 대언하여라.… '너희 마른 뼈들아, 너희는 나 주의 말을 들어라. 나 주 하나님이… 너희 속에 생기를 불어넣어, 너희가 다시 살아나게 하겠다. 내가 너희에게 힘줄이 뻗치게 하고, 또 너희에게 살을 입히고, 또 너희를 살갗으로 덮고, 너희 속에 생기를 불어넣어, 너희가 다시 살아나게 하겠다. 그때에야 비로소 너희는, 내가 주인 줄 알게 될 것이다.'"

그래서 나는 명을 받은 대로 대언하였다. 내가 대언을 할 때에 무슨 소리가 났다. 보니, 그것은 뼈들이 서로 이어지는 요란한 소리였다. 내가 바라보고 있으니, 그 뼈들 위에 힘줄이 뻗치고, 살이 오르고, 살 위로 살갗이 덮였다. 그러나 그들 속에 생기가 없었다. 그때에 그가 내게 말씀하셨다. "사람아, 너는 생기에게 대언하여라.… '나 주 하나님이 너에게 말한다. 너 생기야, 사방에서부터 불어와서 이 살해당한 사람들에게 불어서 그들이 살아나게 하여라.'"

그래서 내가 명을 받은 대로 대언하였더니, 생기가 그들 속으로 들어갔고, 그래서 그들이 곧 살아나 제 발로 일어나서 서는데, 엄청나게 큰 군대였다.(겔 37:1-10, 새번역)

놀라운 장면이다.

넓은 계곡에 온통 마른 뼈다귀들이 널려 있는데, "다시 살아나라"고 명령하니까,

1. 뼈다귀들이 모여들어 해골이 되고

2. 힘줄, 근육이 생기고, 피부가 덮이고

3. 생기가 들어가서 전부 벌떡 일어나서 엄청난 군대가 되었다.

놀라운 장면이다.

물론, 이 장면이 영어에 관한 얘기는 아니다.

완전히 망해서 마른 뼈다귀들처럼 널브러졌던 이스라엘 민족이 주님의 은혜로 생명을 얻어 다시 일어선다는 얘기다.

그런데 나에게는 이 장면이 학생들 머릿속에 엉망으로 죽어 자빠졌던 영어 뼈다귀들이 주님의 은혜로 다시 살아나 엄청난 군대처럼 용맹을 떨친다는 주님의 계시로 보였다.

우리나라에서 지금까지 행해져 온 B.C. 학습법은 공부하면 할수록 영어가 머릿속에서 마른 뼈다귀들처럼 죽어서 흩어질 수밖에 없다.

머릿속에 죽어 자빠져 있는 단어 뼈다귀들, 문법 뼈다귀들….

하지만 주님이 가르쳐 주신 A.D. 학습법으로 공부하면

주님이 주시는 힘을 받아서,

처음 배우는 아이들은 LAD의 도움을 받아 우리말처럼 쉽게 배우고,

또 그동안 잘못 배웠던 세대들은 머릿속에 죽어 자빠져 있던 영어 뼈다귀들이

모여들고, 살이 붙고, 생기가 들어가서 엄청난 군대처럼 일어나게 된다.

그러면 이제부터 그 실제적인 방법을 살펴보기로 하자.

다음 장에서 계속.

환경으로부터의 영어자동흡수를
대체할 수 있는 놀라운 방법.
하나님의 창조원리에 따른
이 새로운 학습법을
'A. D. 학습법'이라고 이름지었다.

Part 3

하나님이 주신 놀라운 방법!

9

묶음으로 흘러가는 영어

영어 학습 미신 중, 가장 큰 미신은 "문법만 마스터하면 영어를 잘하게 될 것이다"이고,

두 번째 큰 미신은 바로 "단어를 많이 알면 영어를 잘하게 될 것이다" 하는 것이다.

많은 사람이 그렇게 믿고 있다.

그래서 아이들에게 영어를 가르칠 때도, 단어 암기를 열심히 시킨다.

아이가 좋아하건 말건 무조건 단어를 읽고, 쓰고, 외우고… 하면서 시킨다.

처음에는 학습지 등을 통해서 하다가, 엄마가 관리하기 버거워지면 영어학원에 보내는데, 거기서도 각종 방법을 동원해서 단어 암기를 열심히 시킨다.

그런데 문제는, 그렇게 해서 영어를 잘하는 아이는 없다는 것이다.

'강제로 외운 것은 반드시 까먹는다'는 법칙에 따라, 머릿속에 강제로 욱여넣은 단어들은 죽은 뼈다귀처럼 나뒹굴고, 급기야는 영어 자체에 흥미까지 잃게 된다.

영어 단어가 중요한 것은 분명한데, 그래서 열심히 외웠는데, 도대체 무엇이 잘못된 것일까?

모국어의 경우, 아이들이 만 5세 정도가 되면 아이들의 두뇌는 일정 수준 이상으로 발달해서, 한 단어씩 말하지 않는다.

의미 단위의 '단어 묶음'으로 말한다.

예를 들어서

"엄마, 나 오늘 어린이 집에서 술래잡기를 했는데, 내가 술래를 제일 많이 했어요"

라는 말을 할 때,

"엄마/ 나/ 오늘/ 어린이/ 집/ 에서/ 술래잡기/ 를/ 했는데/ 내가/ …."

이렇게 단어 하나하나씩 끊어서 말하지 않고

"엄마/ 나 오늘 어린이집에서/ 술래잡기를 했는데/ 내가 술래를 제일 많이 했어요."

이렇게 의미 단위의 '단어 묶음'으로 말한다.

이것은 세상의 어느 나라 언어라도 꼭 같다.

일단 말을 하기 시작하면, 낱개 단어로 말하지 않고, 의미에 따라 '단어 묶음'으로 말한다.

또 들을 때도 '단어 묶음'으로 듣고 이해한다.

그래서 이 아이들에게 영어를 가르칠 때에도, 처음부터 '단어 묶음'으로 가르치는 것이 효과적이다. 낱개로 떨어져서 죽어 있는 상태의 단어를 외우게 하는 것보다, 살아 있는 묶음으로 익히게 하는 것이 훨씬 쉽고, 기억도 오래가고, 자연스럽게 배운다.

간단한 차이 같지만, 실제로 해 보면 엄청난 차이가 있다.

새로운 'A.D. 학습법'도 여기서부터 시작한다.

청계산에서 한참 기도를 열심히 할 때 얘기다.

"영어 터지는 방법을 가르쳐 주세요!" 하고 하나님께 떼를 쓰고 있는데,

시냇물이 흘러가는 모습이 환상으로 보였다.

그 시냇물에는 낙엽들이 줄줄이 둥둥 떠서 흘러가고 있었다.

그런데 그 낙엽들이 따로따로 흘러가는 것이 아니라, 여러 개씩 모여서 덩어리 덩어리로 흘러가고 있었다.

자세히 보니, 그 낙엽들 위에 영어 단어처럼 보이는 글자들이 쓰여 있었다.

좀 더 자세히 보려고 해도 잘 보이지 않아서 확실히 읽지는 못했지만 영어 단어처럼 보였다.

그 단어들이 그룹을 지어서 흘러가고 있었다.

그 환상이 얼마간 지속되다가 그쳤다.

"이게 도대체 무슨 뜻일까?" 하고 기도하던 중, 깨달음이 왔다.

"아하, 영어 문장은 궁금한 순서로 흘러간다는 기존의 내 이론*을 확인시켜 주시는 거구나."

"그런데, 그 문장 속 단어들이 낱개로 움직이는 것이 아니고, 여러 개씩 덩어리로 뭉쳐서 움직인다는 뜻이구나."

이 깨달음을 시작으로 연구를 계속한 결과 엄청난 진실을 발견하게 되었다.

바로 "영어 문장을 구성하는 기본 단위는 '단어'가 아니라 '단어의 묶음 덩어리'라는 것"이었다.

영어 문장은 '단어의 묶음 덩어리'가 '궁금한 순서로 흐르는 것'이다.

이 단어의 묶음 덩어리를 영어로는 '청크(chunk)'라고 한다.

우리가 아무리 영어를 열심히 공부해도 실력이 잘 늘지 않던 이유 중 하나는 바로, 영어 문장이 낱개 단어로 구성되어 있다고 생각하고, 낱개 단어를 암기했기 때문이다.

그렇게 낱개 단어 위주로 공부했기 때문에, 단어 하나씩 읽고 꿰어 맞추느라고 독해 속도가 느리고, 듣기 말하기가 잘 안 되는 것이다.

55년 전, 친구 따라 미군 장교를 만나러 갔다가 한 마디도 못하고 충격을 받아서 영어 공부를 열심히 할 때 얘기다.

---

* "영어문장은 궁금한 순서로 흘러간다"는 이론은 내가 1998년에 쓴 책《영어공부혁명》에 처음 발표한 것인데, "기존 문법에서는 번역식으로 복잡하게 가르치는 영어 문장이 실은 그냥 궁금한 순서로 흐르는 것"이라는 이론이다. 그 책에서는 무려 100여 페이지에 걸쳐서 설명했지만 원리는 간단하다. 이 책에서는 다음 장에 예수님의 말씀을 가지고 간단히 설명했다.

영어 회화책을 통째로 암기한 뒤 그 미군 장교를 다시 만난 자리에서 외운 것은 어떻게 말하겠는데, 도무지 알아듣지 못하는 것이 아닌가.

'아차! 말하는 연습만 하고 듣기 연습을 안 했구나' 생각하고 듣기 연습을 하려고, 미군 방송 AFKN 라디오 뉴스를 녹음해서 수십 번씩 반복해 들으면서 청취 연습을 열심히 하는데,

몇 마디 듣고 해석하려고 하면 그 다음 말이 나오고, 또 모처럼 한 마디 듣고 해석하려고 하면 도망가고 하는 바람에 애를 먹다가, "도대체 뭐라고 하는지 받아 적어 봐야겠다" 하고 받아 적기를 시작했다.

같은 대목을 감았다 풀었다 반복하면서 듣는데, 어떤 것은 수십 번 반복해도 안 들렸다. 나중에 알게 된 것이지만, 주루룩하고 지나가는 말이 사실은 여러 개의 단어가 뭉쳐서 한 단어처럼 지나가는 것이어서, 낱개 단어를 기대하고 들을 때는 도대체 생소한 단어처럼 들리는 것이었다.

여하튼 몇 달 동안 열심히 노력한 결과, 무슨 말이 지나가는지는 알게 되었는데, 문제는 그 말하는 속도를 내 이해력이 따라가지 못한다는 것이었다.

받아 적어 놓은 것을 보면서는 따라가는데, 그냥 생방송으로 들으면 못 따라갔다.

한 대목 들은 다음, 그것을 해석하다 보면 그 다음 덩어리가 지나가고, 또 한 대목 듣고 나면 해석할 새도 없이 그 다음이 흘러나왔다.

한동안 고생하다가, '도대체 이 미군 아나운서가 어느 정도 속도

로 말하는데 내가 못 알아듣는 건가?'

1분당 말하는 속도를 재어 보니, 평균 1분에 160단어가량을 말했다.

그래서, 비슷한 수준의 영자 신문 기사를 최대한 빨리 읽어 보았더니, 내가 이해하면서 읽는 속도가 1분당 100단어를 못 넘어갔다.

'옳지, 범인을 잡았다.'

'내가 이해하는 속도보다 빠르게 말하니까 내가 못 따라가는구나.'

그래서 이해하는 속도를 높이기 위해서, 빨리 읽는 속독 연습을 시작했다.

그러다 깨닫게 된 사실은, 낱개 단어 단위로 읽어서는 아무리 서둘러봐도 1분당 100단어를 넘어서기가 힘들다는 것이었다.

그래서 아나운서가 한 단어처럼 묶어서 발음하는 단어들을 나도 한 덩어리씩 묶어서 읽어 나가는 연습을 하기 시작했다. 얼마 안 가서 독해 속도가 1분당 300단어를 넘어서기 시작했다.

그러면서 미국 뉴스가 여유 있게 들리기 시작했다. 대박!

▲ 그림 3. 영어 문장 열차

영어 문장은 마치 열차처럼, 기관차 뒤에 객차가 죽 매달리듯이 그냥 이어 나간다.

문법 시간에 배웠던 '형용사구, 관계사절은 꺾어 붙여서 거꾸로 해석하고…' 등 이런 것들은 다 필요 없다.

그런 것들은 문법 따지기 식으로 가르치던 옛날 선생들이 하던 것이지, 실제로는 영어를 하는 데 방해가 되는 지식들이다.

이렇게 일단 이해하고 나면, 다음 단계는 소리를 들으면서 똑같이 소리 내서 읽는 연습이다.

그러면 영어가 점점 쉬워지고 유창해진다.

다시 미군 방송 얘기로 돌아가서, 이렇게 한 몇 달 열심히 연습하고 나니, 그때까지 금과옥조처럼 신봉하던 옛날식 문법 따지기는 다 사라지고, 오직 흐르는 시냇물처럼 궁금한 순서로 흘러가는 청크만 남았다.

그전에는 문장 속 문법을 하나하나 정확히 따지지 않으면 큰일 나는 것처럼 생각했었다. 그러나 단어 중심, 문법 중심 생각을 버리고 청크 중심으로 익히기 시작하자, 비로소 영어가 되기 시작했다.

앞에서 살펴본 에스겔 37장의 가르침도 마찬가지다.

낱개로 흩어져서 널브러져 있던 뼈다귀들이 살아나는 모습을 보면,

제일 먼저 흩어져 있던 뼈다귀들이 모여들어서 몸의 각 부분을 이루었다.

손가락 마디 뼈들이 모여서 손가락을 이루고, 손가락 뼈들이 모

여서 손을 이루는 것처럼.

이처럼 단어들이 모여서 청크를 이루고,
그 청크 단위로 이해하고,
그 청크 단위로 말할 때, 영어가 되기 시작한다.

영어 문장을 만드는 청크는 6가지가 있다.
이 6가지 청크가 궁금한 순서로 흘러가는 것이 영어 문장이다.
이것을 이해하면 영어가 아주 쉬워진다.
이 6가지 청크가 어떤 것들인지, 다음 장에서 배우자.

10

영어 문법 전부 해 봐야 청크 6개뿐

지금까지 영어 문장은 낱개 단어로 이루어지는 것이 아니며, 단어의 묶음 단위, 즉 청크로 이루어진다는 것을 배웠다.

그러면 실제 문장을 보면서 좀 더 연구해 보자.

다음 문장은 내가 좋아하는 말씀, 히브리서 11장 6절, 믿음에 관한 말씀이다.

Without faith it is impossible to please God, because anyone who comes to him must believe that he exists and that he rewards those who earnestly seek him. (NIV)

쉽게 이해가 가시는지?

이 말씀을 청크 단위로 읽으면 다음과 같다.

Without faith	믿음이 없으면
it is impossible	그것은 불가능하다
to please God,	하나님을 기쁘시게 하기가
because anyone	왜냐하면 누구든지
who comes to him	그에게 오는 사람은
must believe	믿어야 하니까
that he exists and	그가 존재한다는 것과
that he rewards those	그리고 그가 그들에게 상 주신다는 것을
who earnestly seek him	그를 열심히 찾는

의미 단위의 청크로 정리하면 이와 같다.

총 28단어의 문장이 9개 청크로 정리되었다.

청크 하나에 1초씩 주면, 9초 정도면 여유 있게 읽고 이해할 수 있다.

그 정도면, 1분당 186단어 정도의 꽤 빠른 속도의 속독 솜씨가 된다.

영어 문장을 청크 단위로 보기 시작하면,

뜻을 이해하는 것과 말하는 것은 아주 쉬워진다.

B.C. 학습법식으로 문법 따지고 우리말로 번역해서 이해하려고 하지 말고,

다음과 같이, 그냥 궁금한 순서로 이해하고 말하면 된다.

Without faith	믿음이 없으면 (어떻게 될까?)
it is impossible	그것은 불가능하다 (뭐가?)
to please God,	하나님을 기쁘시게 하기가 (왜?)
because anyone	왜냐하면 누구든지 (어떤 누구?)
who comes to him	누구든지 그에게 오는 사람은
must believe	믿어야 하니까 (뭐를 믿는데?)
that he exists and	그가 존재한다는 것과 (또?)
that he rewards those	그가 그들을 상 주신다는 것(그들 누구?)
who earnestly seek him	(누군가 하면) 그를 열심히 찾는

괄호 안의 궁금함은 참고로 적어 놓은 것이고, 실제로 읽거나 들을 때는 그냥 본능적으로 느낀다.

그러니까 그냥 내용을 보면서 주르륵 읽거나, 들으면 된다.

문법 따지고, 우리말로 번역하는 B.C. 학습법에 숙달된 사람에게는 처음엔 어색할 수도 있지만, 조금만 연습하면 금방 익숙해지고, 편해진다.

다음에 이어질 내용을 궁금히 여기면서 그냥 자연스럽게 이어가면 어느덧 문장의 끝까지 말하게 된다.

자, 그러면 이번에는 편안히 들릴 때까지 원어민 소리를 반복해 들어 보자.

휴대폰으로 다음의 QR 코드를 찍으면 원어민의 소리를 들을 수 있다.

어떤가? 반복해 들을수록 편안히 들리지 않는가?

중요한 것 한 가지 더.

청크 단위로 발음할 때는 낱개 발음과는 다른, 덩어리로 소리나는 연음 현상이 생긴다.

그래서, 낱개 단어를 아무리 많이 외우고 정확하게 발음하는 연습을 해도, 청크로 연결되면 소리가 달라지기 때문에, 정확히 배우려고 모처럼 열심히 공부한 것이 다 쓸데없어진다.

실제 문장 속에서는 청크 단위로 뭉쳐서 소리 나기 때문이다.

처음부터 뜻도 청크 단위로 이해하고, 발음도 청크 단위로 들어야 한다.

영어가 잘 안 들리는 이유는 배울 때 낱개 단어 단위로 배웠기 때문이다.

영어 말하기가 잘 안 되는 이유도, 낱개 단어로 문장을 조립해서 말하려고 하기 때문이다.

영어 문장을 처음부터 뜻도 발음도 청크 단위로 익히면 아이들도 쉽게 영어를 하고, 나이 든 사람들도 쉽게 영어를 한다.

영어를 잘하는 사람들은 이 원리를 깨닫고 실천하는 것이다.

미국 사람들이 영어를 잘하는 이유도 이 원리를 실천하기 때문이다.

이 원리를 깨우치고 나서 나의 영어 교수법은 한층 더 발전했다.

영어 문장을 구성하는 청크는 6가지 밖에 없다.

아주 간단하다. 그래서 미국 사람들이 영어를 하는 거다.

1. 기본문 청크 (주어 + 동사 + α)
2. 전명구 청크 (전치사 + 명사)
3. to 부정사 청크 (to + 동사원형 + α)
4. −ing 청크
5. 과거분사 청크
6. 접속사 청크 (접속사 절)

이렇게 6가지 청크 밖에 없다.

한 주먹거리 밖에 안 된다.

여기에 필요한 경우 형용사나 부사가 양념처럼 들어가지만, 우리 말과 거의 분위기가 비슷하므로 따로 신경 쓰지 않아도 하다 보면 저절로 익혀진다.

학교나 학원에서 몇 년에 걸쳐 골치 아프게 영어를 배우는데,

결국 이 6가지 청크를 복잡하게 가르치는 것뿐이다.

여기에 얽힌 문법 사항들을 하나하나 분해해서 따지다 보면 온갖 골치 아픈 소리가 다 나온다. 그러나 그런 것 하나 따질 줄 몰라도 미국 사람들은 말만 잘한다.

그러면, 다음 장에서 궁금한 순서로 흐르는 6가지 청크를 좀 더 살펴보기로 하자.

11

영어의 시작, 기본문 청크

– [주어+동사]만 제대로 나오면 절반은 끝난 셈

여섯 개의 청크 중에서 가장 중요한 청크는 바로 기본문 청크, 바로 [주어+동사] 청크다.

영어를 말할 때 이 [주어+동사] 청크만 제대로 하면, 영어 말하기는 절반 이상 끝난 것이나 다름없다.

일단 [주어+동사] 청크로 문장을 시작하고, 그 다음부터는 기관차 뒤에 객차를 매다는 것처럼, 궁금한 뜻에 따라 자연스럽게 청크들을 이어 붙이기만 하면 된다.

▲ 그림 4. 주어+동사 기차

[주어+동사] + [청크] + [청크] + [청크] ….

[주어+동사] 청크는 문장 속에서 "누가 무엇을 했다" "무엇이 어떠하다"는 뜻을 나타내는 핵심적인 말이다.

[주어+동사] 청크가 나오면 그 뒤에 뜻을 보충하는 단어들이 붙는 일이 많다. 나는 그것들을 '보충어'라고 부른다.

"He made" 다음에 보충어들이 붙는 아래의 문장들을 보자.

He made me happy.	그는 만들었다 나를 행복하게.
He made me his wife.	그는 만들었다 나를 그의 아내로.
He made me wash the dishes.	그는 만들었다 나를 설거지하게.
He made me a doll.	그는 만들어줬다 나에게 인형을 하나.

[주어+동사] 다음에 보충어들이 붙어서 그 뜻을 보충하고 있다.

옛날식 문법으로는 4형식이 5형식이니 분류하고, 그것을 모르면

큰일 나는 것처럼 요란법석들을 떨지만,

원리는 단 하나, 그냥 궁금한 순서로 말하는 것이다.

원어민들은 그냥 그렇게 느끼면서 말하는 것이지 무슨 형식을 따지며 말하지 않는다.

이 보충어들이 쓰이는 모양은 좋은 문장을 소리 내서 낭송하다 보면 저절로 익혀진다.

'be동사'도 마찬가지다.

He was happy.	그는 행복했었다.
He was singing.	그는 노래하고 있었다.
He was promoted.	그는 승진되었다.
He was like a child.	그는 어린애 같았다.
He was in the office.	그는 사무실에 있었다.

'He was'는 '그가 −한 상태였다'는 뜻이고 '−'에 해당되는 보충어가 뒤에 온다. 문법적으로 따지자면, 2형식, 과거진행, 수동태, 전명구 등 여러 가지 분류를 할 수 있지만, 원어민이 느끼는 원리는 단 하나, 그저 궁금한 순서로 적당한 말을 이어 가는 것뿐이다.

이 기본문들이 의문문, 부정문 등으로 변화한다.

영문법 책의 내용 중 많은 부분이 이 변화형에 대한 설명이다.

문법적 내용은 그리 어렵지 않다. 그러나 머릿속으로만 알고 있어봐야 아무 소용이 없다.

좋은 문장들을 소리내 읽다 보면 저절로 익혀진다.

12

약방의 감초, 전명구 청크

전명구는 글자 그대로 전치사와 명사가 만들어 내는 구다.

전명구라는 말은 문법적 용어는 아니지만, 일반적으로 많이 쓰는 이름이다.

감초가 안 들어간 한약이 없는 것처럼, 이 전명구가 안 들어간 문장이 거의 없을 정도로 영어 문장에 많이 쓰인다.

이것은 구조가 간단해서 배우기 쉽고, 쓰임새가 많은 청크다.

전치사는 생김새도 간단하고, 약 30여개 정도 밖에 안 되니까, 만날 때마다 익혀 두면 두고두고 편하다.

전치사를 간단히 정리하면 다음과 같다.

언뜻 보기에 양이 많아 보이지만, 대부분 이미 아는 것들이다.

죽 읽어 보면서 모르던 것을 발견하면 표시하면서 알아 두면 된다.

〈시간을 나타낼 때〉

–에	in 2009, in spring, in the morning
	at 9 o'clock, at noon
	on Sunday, on my birthday (요일, 특정한 날)
–전/후에	before school
	after school
–동안	for 3 hours (숫자로 나타내는 기간)
	during the vacation (이름 붙은 기간)
	through the year (–동안 내내)
–내에	in an hour (한 시간 만에)
	within an hour (한 시간 이내에)
–부터	from 9 o'clock
–까지	till/until 10 o'clock (그때까지 계속될 때)
	by 10 o'clock (그때까지 완료)
–이래	since 2000 (2000년 이래 지금까지)

〈위치를 나타낼 때〉

–안에	in/inside the room
–밖에	out/outside the room
–위에	on the table, on the ceiling (접촉해 있다는 뜻)
	over the table (떨어져서 바로 위, 또는 위로 지나가는)
	above the table (막연히 위)
–아래에	under the table (바로 아래)

	beneath the window (아래 위치)
	underneath the carpet (바로 아래, 보통 접촉)
–의 앞에	in front of the house
–의 뒤에	behind the house
–의 옆에	beside the house
	next to the house
–의 사이에	between you and me (둘 사이)
	among us (셋 이상의 사이)
–의 맞은편에	opposite the bank
	opposite to him
–의 둘레에	round/around the house

〈움직임을 나타낼 때〉

–안으로	into the room
–밖으로	out of the room
–위로	up the tree
–아래로	down the tree
–를 향해	to the shop (가게가 목표 지점)
	toward the shop (가게 쪽 방향)
–에서 멀어져	away from the shop
–에서 떨어져	fall off the tree
–를 통과해서	through the tunnel
–를 가로질러서	across the street

-의 둘레로	round/around the house
-을 지나서	by/past the tree
-을 따라서	along the street
-을 넘어서	beyond the limit

〈기타〉

-와 함께	with him
-을 가지고	with the words of God
-없이	without a word
-에 의해서	by the wind
-을 위하여	What can I do for you?
-에 대항하여	fight against the enemy
-때문에	for illegally entering North Korea

이것들이 보통 쓰이는 전치사들로, 대부분은 이미 알고 있을 것이다. 혹시 모르던 것이 있으면 표시하고 외워 두면 된다.

그런데 이 전치사들 중에는 'in front of' 'next to'와 같이 두개 이상의 단어로 구성되어 있는 것들이 있다. 이런 것들을 '구 전치사'라고 부르는데

단어는 여러 개지만 뜻은 한 단어처럼 쓰인다. 역시 나올 때마다 입으로 익혀 두는 것이 좋다. 몇 가지 예를 들면 다음과 같다.

–때문에	because of the heavy snow
	owing to the heavy snow
	due to the heavy snow
	on account of the heavy snow
–덕분에	thanks to the heavy snow
–에도 불구하고	in spite of / despite the heavy snow
	regardless of the heavy snow
–의 경우에	in case of the heavy snow
	in the event of the heavy snow
–에 더하여	in addition to the heavy snow
	as well as the heavy snow
–에 관련하여	in connection with the heavy snow
	with regard to the heavy snow
–을 대신하여	on/in behalf of my company

이런 식으로 전치사와 몇 단어가 모여서 마치 하나의 전치사처럼 쓰이는 경우가 있다. 이쯤 되면 어휘력의 영역이 되기 때문에 여기서 다 취급할 수는 없고, 만날 때마다 문장 속에서 여러 번 소리 내서 읽으면 쉽게 익힐 수 있다.

또한 위에서 본 전치사들 중 몇 가지는 동사 뒤에 붙어서 쓰이는 수가 있다. 보통 전명구의 전치사는 약하게 발음하지만 이 경우에는 강하게 발음하는 것이 다르다. 옛날식 문법으로는 동사와 함께 쓰인다고 해서 부사로 분류하지만, 요즘은 그런 것 따지지 않고 그냥 '파티클(particle)'이라고 부른다.

예를 들면 다음과 같이 쓰인다.

in/out	Come in.
	Come out.
up/down	Come up.
	Come down.
on/off	Turn on the light(불을 켜다)
	* 스위치를 돌려서(turn) 전선을 접촉(on)시킨다는 뜻에서 나온 것
	Turn off the light(불을 끄다)
over	Come over here.

이상, 전명구를 만드는 전치사와 파티클에 대해서 살펴보았다.

언뜻 느끼기엔 꽤 많은 것같이 느껴지지만, 실제로 문장 속에서 접하다 보면 금방 익숙해진다.

전명구를 익히는 것은 그냥 앉아서 외운다고 되지는 않는다.

좋은 문장을 큰 소리로 박자 맞춰 반복 낭송하면 저절로 익숙해진다.

다음은 준동사.

13

천하무적 3형제, 준동사 청크

준동사란 무엇인가? 우선 용어부터 확실히 하고 가자.

이름 그대로 동사에 준(準)하는 동사라는 말이다.

[주어+동사]의 본동사가 아니면서, 동사에 준하는 일을 하는 동사다.

예를 들어서

John painted my house.

여기서 'painted'는 주어를 제대로 가지고 있는 **본동사**다.

그런데, 다음 문장들에서

John wanted to paint my house.

(본동사) (준동사 to–)

I saw John painting my house.

(본동사) (준동사 –ing)

I had my house painted by John.

(본동사)　　　(준동사 p.p.)

이들은 각각

to paint	**to부정사**
painting	**ing** (현재분사, 동명사)
painted	**p.p.** (과거분사)

이렇게 부른다. 이 책에서는 될 수 있는 한 딱딱한 문법 용어를 쓰지 않으려 하지만, 그래도 명칭 정도는 확실히 알고 가는 게 좋다.

이 준동사들을 제대로 알고 사용하면, 마치 천하무적 삼 형제를 거느린 듯, 영어가 거침없이 움직인다.

우선 각각의 뜻을 살펴보자.

	뜻	용법
(1) to부정사	–할, 하려고	본동사의 시점보다 나중에 일어날 일(미래지향적)
(2) -ing	–하는 중, –하는 것	본동사의 시점과 동시에 일어나거나 먼저 일어난 일(현재지향적)
(3) p.p.	–되어진, –했다	수동이나 완료의 뜻으로 사용

그러면 한 가지씩 살펴보기로 하자.

〈참고〉 우선 [부정사]라는 용어부터 명확히 해 보자.

'부정사'는 '동사원형'을 부르는 또 다른 이름이다.

이 '부정사', 즉 '동사원형' 앞에

to를 붙이면 'to-부정사(to-infinitive)'라고 부르고,

to가 없으면 '동사원형(root infinitive, bare infinitive)'이라고 부른다.

(1)-① to부정사(to infinitive)

to 부정사는 '-할' '-하려고' '-할 것' 하는 식으로 미래지향적인 뜻으로 쓰인다.

근데 to부정사는 왜 미래지향적일까?

앞에 붙은 'to'가 바로 전치사 'to' 출신이기 때문이다.

다음 문장들을 보자.

① I am going to school.

② I am going to study English.

①과 ②의 'to'는 둘 다 '-으로' '-을 향하여'라는 뜻의 같은 전치사다.

①은 학교로 향하여 가고 있다는 뜻이고

②는 공부하는 것을 향하여 가고 있다, 다시 말해서 '앞으로 공부할 것'이라는 뜻이 된다.

이렇게 동사원형 앞에 to가 붙으면 '앞으로 할 일'이라는 의미를 갖는다.

그래서 '미래지향적'이라고 하는 것이다.

말로 설명하다 보니까 길어졌지만, 내용 자체는 간단하고 쉬운 것이다.

(1)-② 원형부정사(root infinitive)

원형부정사는 미래의 뜻을 가지는 'to'가 앞에 없기 때문에 내용이 미래지향성이 없을 때 쓰인다.

예를 들어서

"나는 그 여자가 방을 청소하는 것을 보았다"를 말할 때

청소하는 시점과 본 시점이 같으니까 'to'가 없는 원형을 써서

"I saw her clean the house (나는 그녀가 청소하는 것을 보았다)."

또는, 현재지향성을 강조해서

"I saw her cleaning the room (나는 그녀가 청소하는 중인 것을 보았다)."

이렇게 두 가지로 말할 수 있다.

또 "나는 그녀를 방 청소하게 시켰다"라고 말할 때

③ I got her to clean the room.

④ I made her clean the room.

이렇게 두 가지로 말 할 수 있는데,

'get'은 여러 가지 말로 설득해서 차후에 어떤 행동을 하도록 한다

는 뜻이기 때문에 미래지향적인 'to부정사'를 쓰고,

'make'는 상대의 의사에 관계없이 강제적으로 당장 하게 한다는 뜻이므로 미래지향적인 'to 부정사'를 쓰지 않고, 그냥 동사원형을 썼다.

이런 현상은 본동사가 have, let일 때도 일어난다.

⑤ I had her clean the room.

⑥ I let her clean the room.

청소하는 것을 임무로 하는 사람을 시켰을 때는 ⑤처럼 'have'를 쓰고, 청소하고 싶어하는 사람을 하도록 했을 때는 ⑥처럼 'let'을 쓴다.

둘 다 본동사와 부정사와의 시간차가 없이 즉시 시행하는 것을 의미한다.

보통 문법책에서는 지각동사와 사역동사 다음에는 무조건 to 없는 부정사를 쓴다고 가르치지만, 그렇게 기계적으로 암기하면 실제 상황에서 듣고, 말할 때 잘 되지 않는다.

이렇게 원리를 알고, 좋은 문장을 낭송해서 익혀 두는 것이 필요하다.

(2) -ing(현재분사, 동명사)

'–ing'는 '– 하는 중'의 뜻으로 쓰이면, '현재분사' 또는 '–ing형'이라고 하고,

명사처럼 쓰이면 동사이면서 명사 노릇한다고 해서 '동명사'라고 한다.

명사 노릇하다가 아예 명사로 정착해 버린 것들도 많다.

쇼핑(shopping), 스위밍(swimming), 하이킹(hiking), 윈드서핑(wind surfing), 조깅(jogging)….

이때 아예 명사로 취급해서 앞에 전치사를 붙일 수도 있다.

(3) p.p.(과거분사; past participle)

'과거분사(p.p.)'는

walk, walked, walked처럼 뒤에 '-ed'를 붙이는 것도 있고,

make, made, made처럼 과거형과 같은 것들도 있고,

break, broke, broken처럼 현재, 과거, 과거분사가 다른 것들도 있다.

뒤에 '-ed'가 붙지 않는 불규칙형은 외워 두는 게 상책이다.

과거분사는 문장 속에서 두 가지로 쓰인다.

① I have finished the work.

이렇게 앞에 have가 붙어 있을 때는, 문법책에서 흔히 말하는 '현재완료'다.

문법책에서 현재완료라고 하면 '완료, 결과, 계속, 경험' 운운하면서 골치 아픈 소리를 하지만, 그렇게 해서는 복잡해서 영어를 못한다.

그냥 간단히 생각해야 한다.

I have(나는 가지고 있다)

finished the work(그 일을 끝낸 상태를).

다시 말해, "나는 그 일을 끝내 놓은 상태다"라는 뜻으로 이해하면 된다.

② He was killed in a car accident.

이렇게 앞에 be동사가 있으면, '– 당했다'는 뜻이 된다.

일반 문법책에서는 '수동태'라고 해서 '능동태'로 고치고

행위자를 찾고 하면서 골치 아픈 소리를 하지만,

그냥 간단히 '– 당했다'라고 이해하면 충분하다.

He was (그는)

killed (죽음을 당했다)

in a car accident (자동차 사고에서)

이렇게 그냥 순서대로 이해하고 말하면 된다.

옛날식 문법으로 복잡하게 따지면 절대로 자연스러운 영어가 안 나온다.

다음 세 문장이 있을 때, 옛날식 문법으로는 세 문장이 각각 다른 구조다.

He was happy [2형식 문장]

(본동사) (보어)

He was sleeping. [과거 진행형]

(조동사) (본동사, 현재분사형)

He was killed. [수동태]

(조동사) (본동사, 과거분사형)

그러나 원어민들이 느끼는 감각으로는 그냥 'He was' 다음에 설명하는 말일 뿐이다.

He was / happy. 그는 / 행복했다.

He was / sleeping. 그는 / 잠자고 있었다.

He was / killed 그는 / 살해당했다.

'sleeping'은 그냥 '잠자는 중'이고, 'killed'는 그냥 '살해당한'이다.

이것이 바로 원어민의 머릿속에 있는 감각이다.

이 감각으로 듣고 말해야 영어가 된다. 입시 공부할 때 배웠던 '영어 해부학' 문법 지식을 그대로 가지고는 머릿속에서 문장이 온통 뒤엉켜서 영어로 말이 나오지 않는다.

자, 지금까지 준동사 청크 3형제를 살펴보았는데, 소감이 어떤가?

혹시 골치 아프다고 생각하는 분은 잊어버려도 괜찮다.

어차피 문법만 따로 배워 봐야 쉽게 익혀지지 않는다.

영어는 문장을 소리 내서 읽을 때 익혀지는 것이다.

어쨌든 준동사의 감은 익혔으니까, 부지런히 다음 장으로 넘어가서 청크 공부의 마지막 단계인 '접속사절 청크'를 살펴보기로 하자.

14

교양 있는 영어를 만드는, 접속사절 청크

접속사란 문자 그대로 영어 문장을 접속하는 단어다.

접속사의 종류는 다음 세 가지가 있다.

(1) 연결 접속사

(2) 의문사 출신 접속사

(3) 일반 접속사

문법책에서 사용하는 용어로는 여러 가지가 있지만, 실제로 사용할 때는 이 정도만 알아도 충분하다.

접속사 공부는 어휘력 공부와 비슷하다. 뜻과 용법만 알면 당장 사용할 수 있다. 맘먹고 달려들면 한나절이면 통달할 수 있다. 그러면 영어가 금방 교양 있게 된다. 자, 시작해 보자.

(1) 연결 접속사

문자 그대로 연결하는 접속사다. 문법책에서는 보통 '대등 접속사'라고 부르지만, 나는 '연결 접속사'라고 부른다.

거의 다 잘 알고 있는 것들이다.

① 나는 그녀를 사랑한다, 그리고 그녀는 나를 사랑한다.

I love her, and she loves me.

② 나는 그녀를 사랑한다, 그러나 그녀는 존을 사랑한다.

I love her, but she loves John.

③ 그녀는 예쁘다, 그래서 모두가 그녀를 사랑한다.

She is pretty, so everybody loves her.

④ 그녀는 예쁘다, 그래서 모두가 그녀를 사랑한다.

She is pretty, and everybody loves her.

⑤ 공부를 열심히 해라, 그러면 시험에 합격할 것이다.

Study hard, and you will pass the test.

⑥ 공부를 열심히 해라, 아니면 시험에 합격 못할 것이다.

Study hard, or you will not pass the test.

우리말 '그리고' '그러나' '그래서' '그러면' '아니면'에 해당하는 접속사들이다. 그냥 우리말처럼 쓰면 된다.

유의할 것은 'and'가 '그리고' '그래서' '그러면' 이렇게 3가지 뜻으로 쓰인다는 것이다.

(2) 의문사 출신 접속사

옛날식 문법에서 가장 복잡하게 얽혀 있는 부분이 바로 이것이다.

영어 문장에서 의문사가 쓰이는 곳이

의문문, 간접의문문

감탄문

관계대명사, 관계부사, 관계형용사

명사절, 부사절,

이렇게 여러 가지 있는데, 문법 시간에는 이것들을 다 각각 따로 가르친다.

그래서 영어를 어렵게 만든다.

원어민들도 만약에 그렇게 배운다면, 그들도 영어를 할 수 없을 것이다.

그러나 의문사는 어디에 있든지 그냥 의문사 고유의 뜻으로 쓰인다.

이것들을 한꺼번에 배우면 한 방에 간단히 끝난다.

예를 들어서 "Who broke the window?" 하면 "누가 그 창문을 깨뜨렸느냐?" 하는 의문문이다. 이 문장이 큰 문장 안에 들어가서 여러 가지로 쓰인다. 그러나 뜻은 하나다.

① Who broke the window?

② Do you know who broke the window?

③ Tell me who broke the window.

④ This is the man who broke the window.

⑤ No matter who broke the window, I don't care

이 문장들을 옛날식 문법으로 따지면 각각 다른 구조다.

① 의문문: 누가 그 창문을 깨뜨렸습니까?

② 간접의문문: 누가 그 창문을 깨뜨렸는지 아십니까?

③ 명사: 누가 그 창문을 깨뜨렸는지 말해 주세요.

④ 관계대명사절: 이 사람이 그 창문을 깨뜨린 그 남자입니다.

⑤ 부사절: 누가 그 창문을 깨뜨렸건, 나는 상관 안 합니다.

그러나 원어민의 감각으로 보면 그냥 "누가 그 창문을 깨뜨렸는가" 하는 뜻일 뿐이다. 그것이 여기 저기 필요한 대로 쓰이고 있는 것이다.

④번 문장만 하더라도, 옛날식 문법에서는 '관계대명사'라고 해서 "선행사를 찾아라" "해석할 때는 뒤에서부터 꺾어 붙여서 해석해라" 하면서 복잡하게 가르치지만, 원어민이 느끼는 감각으로 보면 그냥

"이 사람이 그 사람이다. This is the man."

"누군가 하면 그 사람이 창문을 깨뜨렸어. who broke the window."

이렇게 되어서 'who'를 쓴 것뿐이다. 관계대명사니 뭐니 하면서 요란스럽게 법석을 떨 일이 아무것도 없다.

의문사가 여러 가지 있지만, 다 마찬가지다.

많은 사람이 어렵다고 하는 '전치사+관계대명사'도 이런 식으로 보면 별것 아니다. 다음과 같이 생각하면 아주 쉽다.

이 사람이 나와 함께 일하는 그 남자다.

→ 이 사람이 그 남자다. :	This is the man
누군가 하면, 그 사람과 함께 :	with whom
내가 일을 한다. :	I work.
또는	
→ 이 사람이 그 남자다. :	This is the man
내가 함께 일하는. :	I work with.

그냥 이렇게 궁금한 순서대로 말하면 된다. 아주 쉽다.

이렇게 생각하며 좋은 문장들을 소리내서 낭송하면 유창하게 말할 수 있다.

(3) 일반 접속사

다음은 '일반 접속사'로 불리는 여러 가지 표현들에 대해 알아보자.

'–것'

'–인지 아닌지'('that' 'whether' if')

나는 그녀가 나를 사랑한다는 것을 압니다.

나는 압니다. : I know

그녀가 나를 사랑한다는 것을 : that she loves me.

이렇게 '–한다는 것'의 의미로 'that'을 사용하면 된다.

이 'that'을 생략하고 'I know she loves me'라고 해도 아무 지장이

없으므로 빼고 말하는 경우가 많다.

나는 그녀가 나를 사랑하는지 모르겠습니다.

나는 모르겠습니다 :	I don't know
그녀가 나를 사랑하는지 :	whether she loves me.
	(if)

이렇게 '–인지'의 의미로 'whether'나 'if'를 붙여서 말하면 된다.

<u>시간을 나타내는 접속사</u>

때	when	그가 왔을 때 : when he came
전에	before	그가 오기 전에 : before he came
후에	after	그가 온 후에 : after he came
–할 때마다	whenever	그가 올 때마다 : whenever he came
	every time	: every time he came
	each time	: each time he came
–하자마자	as soon as	그가 오자마자 : as soon as he came
	the moment	그가 오는 순간 : the moment he came
	directly	그가 오자 곧바로 : directly he came
–이래로	since	그가 온 이래로 : since he came
		여기 머물러라, 그가 올 때까지
		: Stay here until(till) he comes.
		그것을 끝내라, 그가 올 때까지
		: Finish it by the time he comes.

–까지	until	*우리말로 하면 비슷하지만
	till	① 'until'은 'stay here'처럼 무언가를 그때까지 계속해야 할 때 사용하고,
	by the time	② 'by the time'은 'finish it'처럼 그때까지 끝내야 하는 시한을 나타낼 때 사용한다.
–동안에	while	그가 여기 있는 동안에 : while he is here

장소를 나타내는 접속사

–곳으로 : where, wherever, anywhere, everywhere

나는 갈 테야	: I will go
당신이 가는 곳으로	: where you go.
당신이 어디로 가든지	: wherever you go.
	: anywhere you go.
	: everywhere you go.

–곳에서 : where, wherever, anywhere, everywhere

나는 살고 싶어요	: I want to live
당신이 사는 곳에서	: where you live.
당신이 어디 살든지 거기서	: wherever you live.
	: anywhere you live.
	: everywhere you live.

이유를 나타내는 접속사

–이니까 : because, since, as, for

① 그는 성공할 거야, 왜냐하면 부지런하니까.

: He will succeed because he is diligent.

② 그는 부지런하니까 성공할 거야.

: Since he is diligent, he will succeed.

: As he is diligent, he will succeed.

③ 그녀는 틀림없이 행복한 거야, 노래하고 있거든.

: She must be happy, for she is singing.

–일지도 모르니까 : in case

비가 올지도 모르니, 우산을 가지고 가거라.

: In case it rains, take an umbrella with you.

조건을 나타내는 접속사

–이라면 : if, once, suppose

내가 직장을 잃는다면, 나는 외국으로 갈 거야.

: If I lose my job, I will go abroad.

내가 일단 직장을 잃었다 하면, 나는 외국으로 갈 거야.

: Once I lose my job, I will go abroad.

내가 직장을 잃었다고 치자, 그러면 나는 외국으로 갈 거야.

: Suppose I lose my job, I will go abroad.

−이 아니라면 : unless

비가 오지 않는다면, 파티는 열릴 것이다.

: Unless it rains, the party will be held.

그밖에

−이지만 : although, though

그는 가난하지만, 정직하다.

: Although(Though) he is poor, he is honest.

아무리 −이라 할지라도 : even though, even if

내가 아무리 또 실패한다 할지라도, 나는 포기하지 않을 거야.

: Even though(Even if) I fail again, I will never give up.

so- (that) **−너무** **−해서** **−이다**	① 그녀는 너무 예뻐서 모두가 그녀를 사랑한다. : She is so pretty (that) everybody loves her. ② 그녀는 너무 예쁜 배우라서 모두가 그녀를 사랑한다. : She is such a pretty actress (that) everybody loves her. * 'a pretty actress(너무 예쁜 배우)'처럼 명사가 오면 so 대신에 such를 사용한다.

−하도록 : so can, so that, in order that

* can 대신에 may나 will을 사용하기도 한다.

불 좀 꺼 주세요, 내가 잠 좀 잘 수 있도록.

: Please turn off the light so I can sleep.

so that

in order that

as

–하는데 그가 다가왔다, 내가 말을 하고 있는데

: He came up as I was speaking.

–하면서 그는 노래를 불렀다, 춤을 추면서

: He sang songs as he was dancing.

–하자 그가 들어오자, 우리는 일어섰다.

: As he came in, we stood up.

–함에 따라 날이 어두워짐에 따라, 더욱 추워졌다.

: As it grew darker, it became colder.

–하는 대로 내가 말하는 대로 하십시오.

: Please do as I tell you.

–만큼 나도 당신만큼 부지런하다.

: I am as diligent as you are.

나도 그만큼 부지런하다.

: I am as diligent(얼마만큼?)

당신이 부지런한 만큼

: as you are (diligent).

마치 -인 것처럼 : as if

그는 마치 자기가 술에 취한 것처럼 행동했다.

: He acted as if he was drunk.

-보다 : than

그는 나보다 더 부지런하다.

: He is more diligent than I am.

접속사 청크 끝!

지금까지 접속사 청크를 이끄는 접속사들을 살펴보았다.

숫자로 보면 몇 개 안 된다.

마음먹고 하자면 한주먹 거리도 안 된다.

하지만 그냥 억지로 암기해 봐야 돌아서면 까먹게 된다.

실제 문장에서 만날 때마다 소리 내서 박자 맞춰 읽는 게 제일이다.

낱개로 흩어져서 널브러져 있던
뼈다귀들이 모여 몸의 각 부분을
이루는 것처럼, 단어들이 모여
청크를 이루고, 청크 단위로 이해하고,
말할 때 영어가 되기 시작한다.

Part 4

복음을 외치면 영어가 터진다

15

예수님도 청크 단위로 말씀하시네

자, 청크에 대해서 공부도 하고 유식해졌으니, 이번에는 내가 얼마 전에 유튜브 강좌로 강의했던 산상수훈 중 마태복음 6장 5절, 예수님이 기도에 관해서 하신 말씀을 교재로, 궁금한 순서대로 자연스럽게 흘러가는 영어 청크의 모습을 살펴보자.

이것저것 문법 따지지 말고,
일부러 해석하려고 하지도 말고,
그냥 궁금한 순서로, 내용이 흘러가는 대로 따라와 보라.
과자를 집어먹듯이
청크 하나씩 이해하면서
그냥 물 흐르듯이 읽어 나가 보자.

When you pray,	너희가 기도할 때에	(접속사절)
do not be	되지 말라 (어떻게 되지 말라?)	(기본문)

like the hypocrites,	위선자들처럼, (왜?)	(전명구)
for they love	왜냐하면 그들이 좋아하니까 (뭘?)	(접속사절)
to pray	기도하기를 (어떻게?)	(to부정사)
standing	서서 (어디서?)	(-ing)
in the synagogues	회당에서 (그리고 또?)	(전명구)
and on the street corners	그리고 길모퉁이에서 (왜?)	(전명구)
to be seen	보이려고 (누구에게?)	(to부정사, 과거분사)
by others.	다른 사람들에게	(전명구)
Truly I tell you,	진실로 내가 너희들에게 말하노니,	(기본문)
they have received their reward	그들은 그들의 상을 받았느니라	(기본문)
in full.	꽉 차게	(전명구)

어떤가? 예수님도 청크 단위로 말씀하신다.

hypocrite(위선자), synagogue(회당) 같은 낯선 단어들이 들어 있긴 하지만,

문장이 그냥 궁금한 순서대로 술술 흘러가지 않는가?

이것이 바로 원어민들이 영어를 말하는 어순이다.

먼저 핵심 청크를 말한 뒤에, 보충 설명을 붙이는 순서로 진행된다.

청크는 의미에 맞게 6가지 청크 중 알맞은 것을 골라서 쓴다.

문법이 어떠니 저쩌니 하면서 따지려 하지 말고, 그냥 흘러가는

대로 따라가면 아주 쉽게 문장을 이해할 수 있다.

처음에는 지금까지 해 오던 습관이 남아서 이것저것 자꾸 문법적으로 따지고 싶지만, 꾹 참고 자연스럽게 흘러가는 청크의 느낌을 느끼다 보면 어느새 영어가 쉬워진다.

그 상태로 열 번만 반복해서 읽어 보면, 일부러 외우려고 하지 않아도 그냥 듣고 말할 수 있다.

그게 영어 스피킹이다. 영어 스피킹이라고 해 봐야 별거 아니다.

그냥 청크 단위로 하고 싶은 말을 묶음으로 이어 나가면 된다.

여기에 앞으로 배울 '강세에 따라 박자 맞추기'까지 하면 점점 유창해진다.

이 방식으로 영어를 배우면 어린아이들도 쉽게 영어를 한다.

자, 그러면 편안히 들릴 때까지 원어민 소리를 반복해 들어 보자.

When you pray,	너희가 기도할 때에
do not be	되지 말라
like the hypocrites,	위선자들처럼,
for they love	왜냐하면 그들이 좋아하니까
to pray	기도하기를
standing	서서
in the synagogues	회당에서
and on the street corners	그리고 길모퉁이에서

to be seen	보이려고
by others.	다른 사람들에게
Truly I tell you,	진실로 내가 너희들에게 말하노니,
they have received their reward	그들은 그들의 상을 받았느니라
in full.	꽉 차게

다시 한번 해 보자.

When you pray, / do not be / like the hypocrites, /
for they love / to pray / standing / in the synagogues /
and on the street corners / to be seen / by others. /
Truly I tell you, / they have received their reward / in full.

자, 어떤가?

문법이나, 문장의 구조 등은 신경 쓰지 않고 그냥 흘러가는 대로 뜻을 따라가며 들으면 어느새 영어가 편안히 들린다.

이렇게 듣기가 편해지면, 소리 내서 읽는다.

이때에, 소리 내서, **박자 맞춰,** 여러 번 읽으면 마치 우리말을 하듯이 편안히 영어가 입에서 나온다.

자, 그럼 다음 장으로 가서 영어를 잘하려면 왜 소리 내어 낭송해야 하는지 그 원리와 방법을 알아보기로 하자.

16

원어민의 뇌 세포 옮겨 심기

학원에서 학생들 상담을 하다 보면, 가끔씩 엉뚱한 소리를 해서 나를 웃기는 사람들이 있다.

"원장님, 원어민의 뇌세포를 이식받으면 영어가 되지 않을까요?"

"원어민의 피를 수혈받으면 되지 않을까요?"

"원어민의 줄기세포를 이식받으면 되지 않을까요?"

내가 듣기에도 솔깃한 제안을 하는 학생들이 종종 있었다.

그때마다, "한번 해 보시고, 잘되면 나한테도 좀 알려 주세요"

하고 웃고 마는 경우가 많았는데,

그러던 어느 날, 주님이 획기적인 솔루션을 가르쳐 주셨다.

하루는 청계산 기도원에서 영어 터지는 방법을 가르쳐 달라고, 신나게 산 기도를 하고 있는데,

갑자기 환상이 보였다.

산골짜기에 야생화들이 흐드러지게 피어 있는 모양이었는데

그 모습이 너무 예뻐서 즐겁게 감상하다가,

문득 '저 꽃들이 우리집 마당에도 피어 있으면 얼마나 좋을까' 하는 생각이 들었다.

어떻게 하면 될까?

아마, 공대 출신이거나 생물학 등을 전공한 사람들이라면, 우선 온갖 실험 도구들을 다 동원하여 꽃의 성분을 조사 분석해서, 우리집 마당에 가서 재조립을 시도할 지도 모른다. 그러나 보나마나 실패할 것이다. 그런 생물을 만드는 것은 하나님의 영역이니까.

그럼 어떻게 하면 될까?

나라면, 좀 무식한 방법이지만, 삽으로 뿌리째 퍼서 우리집 마당에다가 옮겨 심겠다.

그렇다. 그저 성분이고 뭐고 나는 무식해서 모르겠고, 그냥 통째로 퍼다가 마당에다 심어 놓고 꼭꼭 밟아 준 다음에 때맞춰서 물만 주면 된다. 그러면 그다음은 하나님이 알아서 자라게 하실 것이다.

그러고 보니 고린도전서 3장 6절에 있는 말씀이 생각났다.

"나는 심었고 아볼로는 물을 주었으되 오직 하나님께서 자라나게 하셨나니"

우리는 그저 꽃을 통째로 퍼다가 심고 물만 주면, 나머지는 하나님이 알아서 다 자라게 하신다는 말씀이다.

그러면 삽으로 퍼다가 심는다는 것은 어떻게 하는 것을 말하는

것인가?

원어민이 말하는 것을 따지고 분석하지 말고, 그냥 통째로 퍼다가 머릿속에 심으라는 말씀이다.

그러면 통째로 퍼다 심는다는 것은 어떻게 하는 것인가?

그러자 내가 젊은 시절 영어에 한참 미쳐서 공부하던 때 모습이 생각났다.

미군 방송 AFKN, 미국 영화, 영자 신문 등을 거의 암송할 정도로 큰 소리로 반복해서 읽곤 했는데, 그때 내 영어를 터뜨려 준 핵심적인 활동이 바로, '원어민 소리와 똑같이 반복해서 읽는 것'이었다는 것을 깨닫게 되었다.

원어민의 소리를 그대로 퍼다가 머릿속에 심어 넣는 방법이 바로 '큰 소리로 똑같이 반복해서 따라하기'라는 것을 깨달았다.

주님이 가르쳐 주신 간단하고도 강력한 영어 학습 방법.

바로, **"원어민 소리와 똑같이, 소리 내서, 박자 맞춰, 반복하여 읽는 것"**이다.

내가 영어 선생을 하면서 이 비밀을 찾아내는 데 무려 30년이 넘게 걸렸다.

그래서, 우리 학원에서 '통째 암송'을 메인 교수법 중 하나로 정하고, 전 과목에서 필수로 행하도록 했다.

물론 그전에도 수업 시간에 문장을 소리 내서 읽는 것은 기본적으로 했지만, 책을 보지 않고도 원어민 소리와 똑같이 입에서 술술 나올 정도로 통째 암송하는 것은 이때가 처음이었다.

수업의 목표를 '통째 암송'으로 하고, 여러 가지 재미있는 방법으로 반복 낭송을 계속하자 학생들의 실력이 눈부시게 발전하기 시작했다.

소리 내서 읽기 시작하면서

영어 공부를 힘겨워하던 학생들이 영어가 쉽고 재미있어졌다고 하고,

반복해서 읽고 나면, 일부러 외우지 않아도 저절로 입에서 나온다고 좋아했다.

머릿속에 널브러져 있던 영어 뼈다귀들이 모여들고, 이어지고, 근육이 덮이고, 살이 덮이고, 살아나기 시작한 것이다.

소리 내서 읽는 것으로, 죽었던 영어의 생기가 되살아나서 영어 뼈다귀들을 이어 주고, 살이 붙게 하는 것이다.

그래서 소리 내서 읽기를 전 과목에서 필수로 실시하고,

'영어 정복 구호'를 만들어서 수업 시간마다 외치고, 실천하게 하였다.

"낭송 백번 영자통"
(朗誦 百番 英自通)

"소리 내서 읽기를 백 번 하면 영어가 저절로 터진다!"는 뜻으로 내가 지은 말이다.

그런데, 소리 내서 읽으면 영어가 터지는 그 비밀은 무엇일까?

연구해 보니 그 원리는 다음과 같다.

첫째, 소리 내어 말한다고 하면 그저 성대를 울려서 입으로 소리를 내면 되는 것으로 간단하게 생각하기 쉽지만, 그 동작에는 몸의 여러 기관이 연관되어 함께 움직인다.

대뇌에서 어떤 말을 하라고 발성 기관에 명령을 내리면,

1. 우선 늑골근과 복근이 횡경막을 움직여서 허파의 공기를 후두에 보낸다.
2. 공기가 후두 안으로 들어오면 후두 안의 세 개의 연골, 네 개의 인대, 일곱 개의 근육이 함께 움직여 대뇌에서 주문한 소리의 원본을 만들어 낸다.
3. 후두에서 만든 소리가 올라오면, 입술, 혀, 얼굴, 턱, 비강 등이 함께 움직여, 최종적으로 원하는 소리를 만들어 낸다.

허파에서 나온 공기가 성대를 통하면서 소리를 만들고, 턱, 혀, 입술, 비강, 입 등을 지나면서 이렇게 말소리가 나오는 것이다.

이것이 한 음절의 소리를 내기 위해서 일어나는 신체의 움직임이다.

말을 할 때는 이 동작들이 연속적으로 일어나는 것이다.

마치 거대한 오케스트라가 일사불란하게 합주하는 것처럼

거의 온몸의 기관들이 함께 움직이는 거대한 협업이 이루어지는 것이다.

이렇게 복잡한 동작을 자유롭게 할 수 있는 피조물은 인간밖에 없다.

이 모습을 운동 경기에 비유하자면, 마치 축구 경기를 할 때, 감독의 지휘에 따라 11명의 선수들이 각각 포지션에 맞춰서 일사불란하게 움직이는 것과 흡사하다.

축구 경기를 잘하기 위해 선수들이 한마음으로 훈련해야 하는 것처럼,

말하는 것도, 관련된 발성 기관이 적절히 움직이도록 많은 훈련이 필요하다.

그 훈련 내용은 대뇌 속에 운동기억으로 저장된다.

이 운동기억은 반복할수록 강해지고, 한번 형성되면 꽤 오랫동안 지속된다.

어렸을 때 자전거를 타거나 수영을 했던 운동기억이 몇십 년 뒤에도 남아서, 어른이 된 뒤에 별다른 연습 없이도 자전거를 타고 수영을 할 수 있는 것이 바로 이 운동기억이 살아있기 때문이다.

그래서 책을 눈으로만 읽은 것은 그 내용만 어렴풋이 기억에 남지만, 소리 내서 여러 번 읽은 것은 그 발성 기관의 운동기억이 강하게 남아서, 그 문장 자체의 기억이 오랫동안 지속된다.

둘째, 소리를 크게 내서 낭송을 하면, 내가 내는 소리가 뇌 전체

를 울리면서 해마에 기억이 저장된다. 이렇게 반복하면 강력한 기억이 형성된다.

그래서 외국어를 배울 때는 소리 내서 낭송하는 것이 무엇보다 중요하다.

따라서 영어를 제대로 하려면, 원어민과 똑같이 소리 낼 수 있는 발성 운동기억을 잘 만드는 것이 중요하다.

그런데, 영어 문장을 소리 내서 읽는 연습을 할 때,

낱개 단어보다는 문장을 읽어서 청크 단위 기억을 길게 만드는 것이 좋고,

낱개 문장보다는 내용이 있는 문단 단위의 글을 낭송해서 에피소드 기억을 만드는 게 좋다.

또 이렇게 낭송할 때는, 청크 단위로 흘러가는 느낌을 가지고 박자 맞춰 읽는 것이 좋다.

영어는 우리말과 다른 독특한 박자와 리듬을 갖고 있기 때문에 그 원리에 맞춰서 읽는 연습을 해야 머릿속에 옮겨 심기가 쉽다.

그러면, 박자 맞춰 읽는다는 것은 어떻게 하는 것인가?

다음 장에서 본격적으로 살펴보자.

17

리듬은 영어의 생명

앞에서 배운 대로 영어는 소리 내서 낭송을 해야 열린다.

그런데 아무렇게나 제멋대로 소리를 내면 안 된다.

원리를 알고 연습하는 게 좋다.

영어에는 영어만이 가지고 있는 독특한 리듬이 있다.

이 리듬을 터득하지 못하면 원어민의 말을 알아듣기 힘들고, 또 아무리 자음 모음을 정확하고, 예쁘게 발음하려 해도 제대로 영어다운 소리가 나지 않는다.

굉장히 중요한 것이다.

그런데 이상하게도 우리나라 학교의 교육 과정에서는 이 리듬 감각을 가르치지 않는다. 그저 말없이 참고서만 째려본다. 그러니까 10년 넘게 공부를 해도, 영어만 하려고 하면 말없이 천정만 째려보는 것이다.

자, 그러면 본론으로 들어가 보자.

세상 모든 언어들은 제각각 독특한 억양과 리듬을 가지고 있다.

우리말과 일본어는 '음절 박자 언어'에 속한다.

이태리어 스페인어 등 라틴계 언어들도 '음절 박자 언어'에 속한다.

그래서 미국에 유학간 우리나라 학생들이 스페인어 시간에 발음 좋다는 칭찬을 듣는다.

'음절 박자 언어'라는 것은 '한 음절에 한 박자씩'이라는 의미다.

그래서 한 문장을 말하는 데 걸리는 시간이 음절의 숫자에 비례한다.

예를 들어서 "만나서 반갑습니다" 하면, 음절이 여덟 개니까 여덟 개만큼 시간이 걸리고,

그냥 "반갑습니다" 하면, 음절이 다섯 개니까 다섯 개만큼 시간이 걸린다.

그에 비해서 영어는 '강세 박자 언어'에 속한다.

'강세 박자 언어'는 한 문장을 말하는데 걸리는 시간이 강세의 숫자에 비례한다.

그래서

"I am glad to see you"라고 한 것과

"Glad to see you"라고 한 것의 말하는 시간이 같다.

왜냐하면 강세의 숫자가 두 개씩으로 같기 때문이다.

그래서 영어 문장을 읽을 때는 강세 있는 단어와 강세 없는 단어를 분간해서 리듬을 맞춰 읽어야 한다. 이때

강세 있는 단어는 강하고 길게 발음하고,

강세 없는 단어는 약하고 짧게 발음한다.

강세 있는 단어들은 거의 일정한 간격으로 리드미컬하게 발음한다.

그러면 어떤 단어에 강세가 오는가?

간단히 말하면 '중요한 단어'에 강세가 온다.

그러면 어떤 단어가 중요한가?

일반적인 법칙을 말하자면 아래와 같다.

강세 받는 단어들	강세 안 받는 단어들
명사 : car, man, boy···	관사 : a, an, the
동사 : love, go, come···	1음절 전치사 : to, in, of···
형용사 : good, bad, big, happy···	1음절 접속사 : and, that···
부사 : very, not···	인칭대명사 : I, you, my···
의문사 : who, what···	관계사 : who, whose, which
지시사 : this, that···	조동사 : will, can, do···
	be, do, have 동사

위의 도표는 항상 100% 들어맞는 만고불변의 진리는 아니다.

별다른 특별한 사유가 없는 한 이 법칙을 따른다는 말이다.

외우기 힘들다고 불평하는 분은 강세 받는 단어만 외우면 나머지는 강세 없는 단어니까, 절반은 해결된다.

그것도 힘든 분은 강세 받는 단어들의 첫 자를 따서 "**명동형부의지**"라고 외우면 된다.

"강세에 대해서는 명동에서 장사하는 형부한테 의지하면 된다."

이런 뜻으로 외우면 된다.

그러니까 영어 문장을 읽거나 말하는 중에 "명동형부의지"만 만나면 강하고 길게 발음하면서, 그 강세 부분을 일정한 간격으로 발음하려고 노력하면 영어 리듬이 익숙해지기 시작한다.

그러면 앞에서 배운 예수님의 말씀을 읽어 보자.

'명동형부의지'에 맞춰서 강세 있는 단어를 찾아보자

빨간 색 단어들이 강세 있는 단어다.

When you pray,	너희가 기도할 때에
do not be	되지 말라
like the hypocrites,	위선자들처럼,
for they love	왜냐하면 그들이 좋아하니까
to pray	기도하기를
standing	서서
in the synagogues	회당에서
and on the street corners	그리고 길모퉁이에서
to be seen	보이려고

by others.	다른 사람들에게
Truly I tell you,	진실로 내가 너희들에게 말하노니,
they have received their reward	그들은 그들의 상을 받았느니라
in full.	꽉 차게. (전명구)

자, 강세의 법칙에 맞춰서 발음을 하려고 노력을 해 보긴 했는데, 본인이 생각해도 그다지 자연스럽지 않다.

그래서 이 강세 법칙은 참고로 알아 두고, 무엇보다도 원어민의 발음을 들으면서 그대로 카피하는 게 최고다. 그렇게 계속 하다 보면 어느새 강세 법칙에 맞춰서 멋지게 발음하고 있는 것을 느낄 수 있다. 그것이 원어민의 영어를 내 입과 머리에 그대로 옮겨 심는 방법이다.

그러면 옆의 QR 코드를 찍어서 원어민의 소리를 들으면서 리듬을 느껴 보라. 리드미컬하게 나가는 강세와 리듬.

'When you pray'에서 일반적으로는 you에 강세가 안 들어가지만, 여기서는 '위선자들은 남들 보라고 대로변에서 길게 기도하지만, 너희들은 그렇게 하지 말아라' 하는 뜻으로 you에 강세가 들어갔다.

이번에는 원어민의 소리와 함께 낭송해 보라.

When you pray,	너희가 기도할 때에
do not be	되지 말라
like the hypocrites,	위선자들처럼,
for they love	왜냐하면 그들이 좋아하니까
to pray	기도하기를
standing	서서
in the synagogues	회당에서
and on the street corners	그리고 길모퉁이에서
to be seen	보이려고
by others.	다른 사람들에게
Truly I tell you,	진실로 내가 너희들에게 말하노니,
they have received their reward	그들은 그들의 상을 받았느니라
in full.	꽉 차게. (전명구)

처음에는 좀 어색해도 횟수를 거듭할수록 익숙해지면서 그럴듯한 발음이 날 것이다.*

영어의 발음 요소에는 강세와 리듬 외에도 자음 모음 등의 낱개 발음, 또 음절들이 연속으로 발음될 때 나는 연음 현상 등 여러 가지 유의할 사항들이 있다.

그런데 이것들을 일일이 공부하려면 한도 끝도 없다.

---

* 강세와 리듬에 관해서 좀 더 자세히 알고 싶다면《대한민국 죽은 영어 살리기》의 제15장을 참조하기 바란다.

영어의 발음을 익히는 가장 좋은 방법은 바로 원어민의 소리를 그대로 카피하듯이 따라하는 것이다.

그래서 영어를 잘하고 싶으면 무조건 많이 들어야 한다.

사람들 중에는 '그저 영어를 많이 들으면 좋다더라' 하면서, 집안에서 하루종일 미국 영화나 CNN 방송을 틀어 놓는 소위 '흘려듣기'를 하는 사람들도 있다고 한다. 그러나 그렇게 하는 것은 소음공해만 생길 뿐 영어 공부에는 별 도움이 되지 않는다.

아무 생각 없이 그냥 듣는 것이 아니라, 청크 단위로 반복 청취하면서 원어민과 똑같이 소리 내려고 노력하는 것이 좋다.

청크 단위가 익숙해지면 문장 단위로 연습하고, 문장이 익숙해지면 문단 전체를, 리듬을 느끼면서 원어민 소리를 그대로 복사하려고 애쓴다.

그렇게 하다 보면, 원어민 소리에 녹아 있는 영어의 생기를 그대로 빨아들여 내 것으로 만들 수 있다.

원어민 소리를 그대로 카피하는 것은 단순히 발음을 좋게 하려는 차원이 아니라, 영어의 생기를 그대로 빨아들이는 행위다.

아주 중요하다.

이 방법을 믿고 실천한 학생들은 다 영어를 잘하게 되었다.

18

청크로 외치니 아이들도 척척

다음은 '정철영어성경학교홈스쿨' 프로그램으로 아이들이 암송 발표하는 영상이다.

내용은 '잉글리쉬 스토리 바이블(English Story Bible; 줄여서 잉스바)'의 제1권 1과 내용이다.

QR 코드를 눌러서 아이들의 발표를 감상해 보라.

감상한 소감이 어떤가?

너무 잘하지 않는가?

발음도 원어민과 흡사하고, 유창성도 원어민처럼 유창하다.

"배운 지 얼마나 되었어요?" 하는 질문이 많은데, 공부 시작한 지 몇 달 안 된 아이들이다.

주로 7–8세 아이들이지만, 언니나 오빠가 연습하는 것을 보고 따라하는 4–5세짜리 아이들도 있다.

본문은 전부 영어로 되어 있다.
먼저 우리말로 내용을 보자면

태초에
하나님이 모든 것을 만드셨습니다.
그리고 하나님은 아담과 이브를 만드셨습니다.
하나님은 자신이 만든 모든 것을 보시고
말씀하시기를, "아주 좋아!!!"

아이들이 충분히 이해하고 말할 수 있는 내용이다.
이 내용을 아이들이 영어로 말할 수 있을까?
보다시피 물론 할 수 있다.
우리말로 이해하고 말할 수 있다면, 영어로도 할 수 있어야 한다.
이 내용을 영어로 하면 다음과 같다.

In the beginning
God made everything.
and God made Adam and Eve.
God looked at all he had made,
and said, "Very good!"

첫 시간부터 이런 내용을 한다고 교재를 보여 주면, 대다수의 부모들은 깜짝 놀란다.

"아니 이렇게 어려운 것을 아이들이 어떻게 배워요?"

"우리 애는 알파벳도 모르는데."

"문법들도 아주 어려운 것들이 들어 있는데요."

"너무 레벨이 높은데요."

B.C. 학습법에 물들어 있는 사람들에게서 당연히 나오는 반응이다.

B.C. 학습법의 눈으로 보면 꽤 수준이 높은 문장들이다.

우선 처음 나오는 'beginning'만 하더라도 스펠링이 9자, 너무 길다.

두번째 문장, 'God made everything'에서 made는 make의 과거형으로써 불규칙 과거형이다. 중학교에 들어가서도 한참 뒤에 배우는 것이다.

또 'everything'은 스펠링이 10자나 된다.

'God looked at <u>all he had made</u>'에서

all과 he 사이에는 원래 관계대명사 that이 있었는데 생략된 상태다.

관계대명사 생략은 중학교 3학년 정도 돼야 배우는 고급 문법이다.

'He had made'는 과거완료 시제다. 이것도 중학교 3학년 정도나 돼야 배우는 문법이다.

그래서 B.C. 학습법의 눈으로 보면 글자도 모르는 아이들에 가르치기에는 너무 말도 안 되게 어려운 내용이다.

그러나 이 영어 문장들을 청크 단위로 몇 번만 연습하면, 아이들은 아주 쉽게 이해하고, 몇 번만 반복하면 우리말처럼 따라한다.

이게 바로 주님이 가르쳐 주신 A.D. 학습법이다.

A.D. 학습법의 원리를 이해하고 나면, B.C. 학습법으로 가르치는 학원에서 흔히 말하는 레벨이라는 것이 의미가 없어진다.

일반적으로 be동사나 간단한 단문 위주의 문장들이 나오면 '레벨이 낮다'라고 하고, 또 접속사, 관계사 등이 들어 있는 문장들이 들어 있으면 '레벨이 높다'라고 한다.

그러나 그런 것은 B.C. 학습법의 문법 선생들이나 하는 소리일 뿐, 그냥 청크 단위로 원어민과 똑같이 발음하는 것만 목표로 연습하면 어린이들은 재미있게 잘 따라 한다.

마치 이유식을 먹는 유아들이 내용물의 성분이 어떻든 상관없이, 맛있으면 그냥 냠냠 받아먹는 것과 같다.

굳이 레벨을 나누라고 하면, 그 내용이 아이들이 이해하기 쉬우면 낮은 레벨, 어려우면 높은 레벨 정도로 나눌 수 있다.

우리말로 내용을 듣고 이해할 수 있으면, 아이들이 충분히 따라 할 수 있는 레벨이 된다.

함께 그림을 보면서 먼저 내용을 충분히 이해한 뒤, 원어민의 소리를 들으면서 그 리듬과 소리에 익숙하게 하면, 아이들은 쉽게 따라온다.

이미 충분히 발달되어 있는 청취, 기억, 발성 기능과 자연적 습득장치, LAD의 도움으로 거의 원어민과 흡사할 정도로 발음을 익힐 수가 있다.

글자 읽고 쓰기는 아이들의 발음이 원어민과 흡사할 정도로 리듬이 익숙해진 다음에 서두르지 말고, 천천히 재미삼아 도전해서 장기간에 걸쳐 익히는 게 좋다.

그래서 이 클래스에서는 처음에는 글자를 읽고 쓰라는 부담을 주지 않는다.

교재와 삽화에 글씨가 써 있긴 하지만, 크게 신경 쓰지 않는다.

그림들을 보면서, 청크 단위로 내용을 설명한 뒤, 청크 단위로 원어민의 소리를 여러 번 듣는다.

이렇게 몇 번 반복하면 아이들이 자연스럽게 따라한다.

선생님은 아이들이 따라할 때마다 감탄과 칭찬으로 격려한다.

그러면 아이들은 더욱더 신나서 큰 소리로 외친다.

그 문장들 안에 어떤 문법이 들어 있는지, 어떤 단어가 들어 있는지 상관하지 않는다.

그저 청크 단위로 그려져 있는 그림을 보면서 신나게 영어로 외친다.

그림 보고, 듣고, 따라하고, 칭찬하고.

그림 보고, 듣고, 따라하고, 격려하고.

그림 보고, 듣고, 따라하고, 칭찬하고.

이렇게 신나게 반복하다 보면, 우리말과 영어의 경계가 없어지고, 우리말처럼 영어를 외친다.

정리하면,

먼저 삽화를 보면서 내용을 충분히 이해한 뒤에,

원어민 성우의 목소리를 반복해서 듣고,

청크 단위로 재미있게 따라하면 아낌없이 칭찬하고,

그러다 보면, 어느새 우리말처럼 영어로 말씀을 암송한다.

글자는 서두르지 않고 아이들의 발달 상태를 봐 가면서 천천히 가르친다.

이렇게 가르치면 아이들은 놀라운 속도로 영어에 익숙해진다.

이렇게 몇 년간 계속하면 아이들의 영어는 미처 깨닫기도 전에 높은 수준으로 올라간다.

아이들의 발표 모습을 좀 더 보고 싶은 분은 젭스의 홈페이지(jebs.kr)나 인스타그램, 블로그에 방문하면 얼마든지 볼 수 있다.

19

복음을 외치면 아이들 영어도 터진다

A.D. 학습법의 원리를 깨닫고 나서 제일 먼저 했던 것은 아이들을 데리고 실습하는 것이었다.

대상은 내 손녀 2명과 그의 친구들 3명.

나이는 5–7세.

교재는 서양 동화 《신데렐라》를 A.D. 학습법에 맞게 편집하고,

문법 난이도는 상관없이, 청크의 길이만 아이들 호흡에 맞게 조절하고,

미국인 성우 목소리로 녹음을 해서 컴퓨터에 담아 놓고,

일주일에 두 번씩 수업을 진행했다.

수업의 진행 방식은 이렇다.

먼저, 삽화를 보면서 우리말로 스토리를 설명하고,

그다음 청크 하나씩 여러 번 듣고 따라하고,

잘할 때마다 칭찬과 함께 상품 스티커를 주는 방식으로 진행했다.
칭찬의 기준은 원어민 소리와 똑같이 하면 잘한다고 칭찬했다.

처음에는 영어로 쓰기도 함께했다.
그러나 아이들이 어려워해서 본문 쓰기는 중단하고
알파벳 쓰기 연습만 따로 시켰다.
그러다가 알파벳 쓰기가 좀 익숙해졌을 때부터 본문 쓰기를 조금씩 실시했다.

아이들은 놀랄 정도로 잘 따라했다.
발음도 거의 원어민과 같을 정도로 잘했고,
꽤 긴 문장도 별 어려움 없이 잘 암송을 했다.
몇 달 지나서 동화 한 편이 다 끝났을 때
아이들은 신데렐라를 처음부터 끝까지 영어로 말할 수 있었다.
할렐루야! A.D. 학습법의 대성공이었다.

감사 기도하는 중에, 성령님이 한 생각을 주셨다.
학습 방법은 좋은데, 내용이 좋지 않다는 것이었다.
외국 동화들은 내용 안에 알게 모르게 사탄의 입김이 들어 있어서, 자꾸 반복해서 암송하면 아이들 심령이 오염된다는 것이었다.
《신데렐라》만 하더라도 마녀가 나타나서 호박을 마차로 변하게 하고, 생쥐들을 말들로 변신시키는 등의 마법이 등장하는데, 아이들은 이 마법들을 실제로 착각해서 자정이 되면 마법이 풀릴까 봐

조바심을 낸다.

이런 내용을 반복해서 암송하다 보면, 아이들 영혼 속에 사탄의 입김이 스며든다.

전 세계를 휩쓸 정도로 인기 있던 소설《해리포터》도 온통 귀신, 마법, 마법사 판이다. 아이들의 상상력을 자극하는 정도를 넘어서 사탄을 숭배하는 정도로 영혼을 오염시킨다. 영어 가르치려다가 자칫 아이들의 영혼을 오염시킬 수도 있다.

그래서 다음 코스는 교재 내용을 성령 충만한 내용으로 바꿨다.

성경의 내용을 좀 더 쉽고 짧게 다듬어서,

하나님의 천지창조,

아담과 하와의 범죄,

천국과 지옥,

노아의 방주와 홍수 사건,

바벨탑 이야기

하는 식으로 성경 내용을 쉽고도 간략하게 영어로 써서 교재를 만들었다.

성경 이야기를 교재로 공부를 시작하자, 아이들의 학습에 불이 붙기 시작했다.

한 장면, 한 장면, 넘어갈 때마다, 아이들은 신나게 영어로 외치고, 긴 스토리를 처음부터 끝까지 유창하게 암송하는 것이었다.

《신데렐라》를 할 때도 꽤 잘했지만, 성경 이야기를 하기 시작하자, 본격적으로 불이 붙기 시작했다.

천사들이 아이마다 한 명씩 붙들고 가르치는 것처럼, 열정적으로 따라하고, 외치고, 일단 한번 익힌 것은 웬만해서는 잊어버리지 않았다.

"할렐루야!

내친김에 구약 신약 다 해 보자!"

이렇게 해서 탄생하게 된 것이 바로 '잉스바'이다.

잉스바는 구약 24권, 신약 24권으로 구성했다.

한 달에 한 권씩 공부하면 4년 만에 마스터할 수 있도록 구성했다.

하다 보면 중간에 방학도 있고 해서, 보통 약 5년 정도에 마스터한다.

언어습득장치 LAD가 보통 12세까지 지속된다고 했으니, 7살 정도에 시작하면 LAD가 소멸되기 전에 영어의 정수를 완벽하게 흡수하게 된다.

가르쳐 보면 아이들이 너무 예쁘게 잘한다.

그래서, 초등학교 1학년에 시작해서 잉스바 전 과정을 끝낸 뒤 중학교에 진학하고, 이어서 마가복음, 사도행전까지 끝내고 나면, 고급 수준의 영어를 마음대로 구사하는 엄청난 실력을 갖추게 되어서, 더 이상 영어 걱정은 안 하게 된다.

실제로 정철 영어 성경학교 전 코스를 수료하고 중고등학교에 진학한 아이들은 "미국에서 살다 왔냐?" "미국에서 학교 다녔냐?"는 질문을 영어 선생님에게 받는 경우가 많다고 한다.

또한, 아이들이 영어만 잘 하는 것이 아니다.

전국 각지에서 젭스 공부방을 운영하고 있는 많은 선생님이 증언에 의하면, 성경 말씀을 매일같이 암송하는 동안, 영적으로 탄탄하게 양육이 되어서, 중학생 시절 아이들이 흔히 겪는 사춘기도 별 탈 없이 건전하게 지나간다고 한다.

그리하여 '하나님과 동행하는 세계적인 지도자'로 자라나게 된다.

20

하나님과 동행하는 세계적인 지도자

우리 정철영어성경학교의 구호는 "우리 아이, 하나님과 동행하는 세계적인 지도자로 키우자!"이다.

어떻게 하면 그리할 수 있을까?

먼저 세계적인 지도자를 많이 배출하는 민족을 벤치마킹해 보자.

바로 유태인이다.

세계 인구의 0.2%밖에 안 되는 유태인이

매년 노벨상 수상자의 30% 이상을 배출하고,

세계 금융의 80%를 장악하고,

하버드, 예일대학교 같은 명문대 교수진의 절반을 차지하는 등,

정치, 경제, 사회, 예술 등 모든 분야에서 최고의 지위를 누리고 있다.

우선 생각나는 몇 사람만 보더라도 록펠러, 아인슈타인, 에디슨, 로스차일드, 키신저, 빌 게이츠, 프로이트, 마크 저커버그, 워렌버

핏, 엘리자베스 테일러 등 셀 수 없이 많다.

도대체 그 비밀이 무엇일까?

나는 그 비결을 유태인이 3500년 동안 지켜오고 있는 '쉐마교육'에 있다고 본다.

이것은 신명기 6장 4-9절에 근거를 두고 있다.

이스라엘아 들으라 (쉐마)
우리 하나님 여호와는 오직 유일한 여호와이시니 너는 마음을 다하고 뜻을 다하고 힘을 다하여 네 하나님 여호와를 사랑하라 (믿음)
오늘 내가 네게 명하는 이 말씀을 너는 마음에 새기고 (본인 성경 암송)
네 자녀에게 부지런히 가르치며 (자녀 성경 암송)
집에 앉았을 때에든지 길을 갈 때에든지 누워 있을 때에든지 일어날 때에든지 이 말씀을 강론할 것이며 (하브루타 토론)
너는 또 그것을 네 손목에 매어 기호를 삼으며 네 미간에 붙여 표로 삼고 또 네 집 문설주와 바깥 문에 기록할지니라 (테필린 기도)
(신 6:4-9)

네가 네 하나님 여호와의 말씀을 삼가 듣고 내가 오늘 네게 명령하는 그의 모든 명령을 지켜 행하면 네 하나님 여호와께서 너를 세계 모든 민족 위에 뛰어나게 하실 것이라 … 이 모든 복이 네게 임하며 네게 이르리니 (신 28:1-2)

이 말씀을 근거로 그들은 아이들이 3–5세부터 모세5경을 암송시키고,

말씀 강론과 토론을 하고,

하루에 3번씩 테필린을 펴 놓고 말씀 기도를 한다.

이것을 무엇보다도 철저히 가정 중심으로 한다.

엄마 아빠가 함께 암송시키고 토론하고 기도한다.

강력한 '홈스쿨'이다.

유태인이 아무리 박해를 받고 세계 곳곳에 흩어져 살아도 굳건한 신앙을 지켜 나가고 있는 이유다.

천지 만물을 만드신 하나님이 주신 인생 매뉴얼을 통째로 암송하고 토론하고 기도하며 살아간다.

여기서 배울 것 중 하나는 **말씀 암송**이다.

암기가 아니라 암송이다.

이 둘을 혼동하면 안 된다.

암기는 머리로 억지로 외우는 것이다.

암기한 것은 반드시 까먹는다.

암송은 소리 내어 반복해 읽어서 머리에 새겨 넣는 것이다.

암송으로 익힌 것은 좀처럼 까먹지 않는다.

유태인들은 13세 성인식 전까지 모세5경을 통째로 암송한다.

그리고 토론을 통해서 그 내용을 완전히 숙지한다.

이렇게 머릿속에 새겨진 하나님의 말씀이 일생을 지배한다.

또 이 과정을 통해서 히브리어에 능통해진다.

이 암송 학습법은 여호수아 1장 8절에 분명히 나와 있다.

"이 율법책을 네 입에서 떠나지 말게 하며 주야로 그것을 묵상하여(암송하여) 그 안에 기록된 대로 다 지켜 행하라 그리하면 네 길이 평탄하게 될 것이며 네가 **형통하리라**"

이 유태인의 학습법을 영어 성경학교에 응용하기 시작했다.

결과는 그야말로 대박이었다.

교회 주일학교에서 성공하고, 내친김에 시작한 '집에서 엄마 아빠와 함께하는 홈스쿨'도 성공하고 있다.

온가족이 함께 모여, 창세기부터 예수님 이야기까지, 신앙고백과 영접기도, 주기도문, 사도신경, 십계명 등 영어 성경 내용을 영어로 낭송한다.

유치원생부터, 초등생, 중학생에 이르기까지 유창하게 영어로 복음을 외친다.

이 과정을 통해 예수님을 구주로 영접하고 따른다.

그렇게 몇 년간 하다 보면 영어가 저절로 열리고, 믿음이 굳건해지고, 생활 태도가 신실하게 바뀐다.

사춘기도 모르고 지나간다.

가르치던 엄마 아빠도 영어가 터진다.

그야말로 "성령충만! 영어능통!"이다.

또한, 이 코스를 개발하는 과정에서 또 한 가지 획기적인 사건이 일어났다. 바로 영어스토리 학습의 신무기 '삽화기억술'을 개발해서 사용하게 된 것이다.

다음 장에서 계속한다.

21

삽화기억술 발명 특허

잉스바 책을 만들 때 얘기다.

처음에는 어린이용 그림 동화책의 일반적인 포맷을 따라서 교재를 만들었다.

위쪽에는 성경 내용을 묘사하는 삽화를 그려 넣고, 아래쪽에는 내용을 썼다.

처음에 만들었던 제1권, 1과의 모양이 그림5와 같다.

전형적인 일반 그림 동화책의 모습이다.

위쪽에는 성경 내용을 묘사하는 그림들이 있고,

아래쪽에는 영어로 그 내용이 적혀 있다.

이런 모양의 책을 1권부터 4권까지 디자인해서 수천 권씩 인쇄했다.

처음으로 인쇄되어서 나온 책을 놓고 감사 기도를 드렸다.

그런데 이상하게도 마음이 불편하면서 가슴이 답답하게 조여오

▲ 그림 5. 초기 잉스바

는 것이었다.

'피곤해서 그런가 보다' 하고 생각했다.

그런데 퇴근하고 집에 가서도 그 증상은 계속되었다.

잠자리에 누워서도 그 책의 모양이 자꾸 떠오르면서,

'이것은 내가 원하는 모양이 아니다'

'책의 모양은 이렇게 돼야 한다' 하는 생각과 함께

새로운 책의 모습이 계속 눈앞에 떠올랐다.

먼저 만든 책의 그림은 일반적인 동화책에 나오는 삽화들과 같이 그냥 그 내용을 상징하는 그림을 대충 예쁘게 그린 것이었다.

그러나 마음속에 계속 떠오르는 새로운 삽화는 청크 하나하나를 나타내는 그림들이 질서 있게 펼쳐져 있는 모양이었다.

그래서 그 삽화를 하나하나 짚어가며 말하다 보면 어느새 전체 문장을 말하게 되는 획기적인 모양이었다. 성령님이 주신 기막힌 아이디어였다.

그래서 다음날 출근하는 길로 회의를 소집해서, 기존에 찍어 놓은 책들은 다 폐기하고, 새로운 콘셉트로 나가기로 결정했다.

그래서 새롭게 제작된 잉스바 1권 1과의 모습이 다음과 같다.

그림의 각 부분이 청크 하나씩을 나타내고, 그 청크들을 하나씩 영어로 말하다 보면 어느새 문장 전체를 영어로 박자 맞춰 말하게 된다.

이것을 몇 번만 반복하면, 처음 배우는 문장도 영어로 유창하게

▲ 그림 6. 현 잉스바 1권 1과

말하게 된다.

정확한 원어민의 소리를 따라 하기 위해서, 그림의 해당 부분을 펜으로 찍으면 원어민의 소리가 나는 젭스펜 기능을 도입해서, 몇 번이고 반복해서 원어민의 소리를 듣고 따라할 수 있고, 또 자신의 목소리를 녹음해서 원어민의 발음과 비교할 수 있게 하였다.

그래서 몇 번만 반복하고 나면, 그림만 보고도 삽화를 따라가며 영어로 박자 맞춰 암송할 수 있게 된다.

이 삽화를 따라가면서 기억하는 방법은 우리의 대뇌가 가지고 있는 가장 강력한 기억 방법이다.

예를 들어서 누가

"댁에 창문이 몇 개 있어요?"라고 물었을 때,

"네, 여섯 개 있어요" 이렇게 즉각적으로 대답하는 사람은 없을 것이다.

대개 "음, 안방에 하나, 건넌방에 하나, 옷 방에 하나, 거실에 하나, 화장실에 하나, 다용도실에 하나… 음, 6개네요" 이렇게 생각이 집으로 가서 그 위치를 하나하나 짚어 가면서 개수를 센다.

즉, 집의 형태를 떠올리고 하나씩 센다.

이것이 우리가 가지고 있는 장기기억능력 중 하나이다.

이렇게 환경이나 삽화식으로 저장되어 있는 기억은 아무리 시간이 오래 지나도 지워지지 않는다.

초등학교 때 살던 고향집의 모습을 몇십 년이 지난 지금도 그려

볼 수 있는 것은 그 기억이 머릿속에 저장되어 있기 때문이다.

예를 들어서, 아브라함이 하나님의 명령에 따라 고향집을 떠나는 장면을 영어로 말해 보자.

"He took his wife, his nephew and all the workers."

이 문장을 글자로 써 놓고 여러 번 따라 읽어도 기억하기가 쉽지 않다.

단어가 10개나 된다.

그러나 그림 7을 보라.

▲ 그림 7. 잉스바 5권 2과

아브라함과 아내의 그림을 보면서 : He took his wife

조카의 그림을 보면서 : his nephew

그리고 일꾼들의 그림을 보면서 : and all the workers.

이렇게 몇 번만 읽으면 일부러 외우지 않아도 오랫동안 기억이 되고, 문장의 구성도 탄탄하게 흔들리지 않는다.

이 삽화기억술을 발견하고 영어 학습이 백배는 쉬워졌다.

아이들이 영어로 된 긴 스토리들을 아무 부담 없이 청크 단위로 즐겁게 스토리텔링하게 되었다.

삽화를 보면서 내용을 설명하는 것은 글자를 보면서 읽는 것과는 근본적으로 다르다. 글자를 보면서 읽을 때는 그야말로 글을 소리내서 읽는 '낭송'이다. 글자를 안 보고 말하면 '암송'이 된다.

그러나 삽화를 보면서 말을 할 때는 암송한다는 개념이 아니고, 그 내용을 스토리텔링하는 것이다. 다시 말해서 영어로 되어 있는 문장을 일부러 외워서 말하는 것이 아니고, 그 내용을 실제로 설명하며 전달하는 것이다.

영어를 의사소통의 목적으로 제대로 사용하고 있는 것이다.

이 활동을 반복하면 머릿속의 LAD가 작동하면서 영어가 제2 모국어로 정착된다.

놀라운 이치다.

또한 글자를 보면서 암송한 것은 인위적인 기억이므로 얼마간 시간이 지나면 까먹게 된다.

그러나 삽화를 통해서 스토리텔링한 것은 몇 번만 반복하면 머릿속에 영구 기억으로 남고, 그것을 설명하는 데 사용한 영어도 그대로 남게 된다.

참으로 놀라운 '신의 한 수'다.

이 원리를 가르쳐 주신 성령님께 감사드린다.

이 방식으로 아이들을 가르치기 시작하자, 아이들은 문장을 외우는 부담이 없이 불과 서너 번만 따라 한 뒤, 그림만 보고 유창하게 영어로 말 할 수 있었다.

또한, 그 삽화들을 벽걸이 포스터로 만들어 붙여 놓고, 집에서 왔다 갔다 하면서 수시로 삽화를 보면서 영어로 암송할 수 있게 했다.

집에 손님이 오실 때마다 이모, 고모, 옆집 아줌마 앞에서 발표도 하고, 이모 고모들은 또 잘한다고 용돈도 주시고, 아이들은 더욱 신이 나서 영어 성경을 암송하고….

할렐루야! 대박!

내친김에 이 삽화기억술을 새로운 개념의 영어 학습교재로 발명특허를 출원했다.

몇 년간 기다린 뒤, 드디어 발명특허로 등재되었다.

흔히 보이는, 실용신안 특허가 아니다. **발명특허**다.

주님이 가르쳐 주신 삽화기억술!

주님 홀로 영광 받으시옵소서!

할렐루야!

22

기적을 만드는 영어성경홈스쿨

'잉스바'와 '삽화기억술'의 성공에 힘입어, 우리는 본격적인 '영어성경학교홈스쿨' 구성을 시작했다.

코스의 이름을 '**젭스**(JEBS; Jungchul English Bible School)**영어성경홈스쿨**'이라고 정하고, 코스를 설계했다.

첫째 과목 **잉스바**: 신구약 성경 말씀 영어로 통째 암송하는 코스

둘째 과목 **잉크**(English Creative): 6가지 청크를 단계별로 연습하는 코스

잉코(English Correct): 영어를 정확하게 말하기 위해 작은 문법들을 학습하는 코스

셋째 과목 **잉포**(English Formula): 일상회화 표현들을 연습하는 코스

이렇게 세 과목이 모여서 완벽한 학습을 구성하도록 했다.

이 구성 중 잉크와 잉포의 원리를 설명하면 다음과 같다.

우리가 일상생활에서 사용하는 문장을 크게 둘로 나누면

첫째, 정형 발화(Formulaic Speech)

둘째, 창조적 발화(Creative Speech)

이렇게 나눌 수 있다.

이중 첫 번째 '정형 발화'는 우리가 흔히 말하는 생활 영어다.

우리가 하는 말 중에서 경우에 따라서 하는 말이 정해져 있는 표현들이 있다.

예를 들어서 누군가를 만났을 때 "안녕하세요?" 하고 인사하는 것, 또는 "미안합니다" "괜찮습니다" 하는 것 등 일상생활을 하다 보니까 거의 공식처럼 굳어져 있는 표현들이 있다. 일반적으로 '생활 영어'라고도 부르고, 영어 회화라고 하면 대체로 이 정형 대화를 말하는 것이다. 일반적으로 약 100개 정도의 문장을 알고 있으면, 일상생활에 지장이 없다.

그런데, 잉포 코스에서는 이 정형 대화 약 400여 개를 역할극으로 마스터한다.

두 번째 '창조적 발화'는 미리 정해진 것 없이, 말하고 싶은 내용으로 문장을 만들어서 '창조적으로' 말하는 것이다.

이렇게 문장을 창조해서 말할 때 필수로 알아야 하는 것이 바로 청크를 구성하는 방법이다.

앞에서 "영어 문장의 구성은 6가지 청크가 내용에 따라 흘러가는 것이다"라고 했다.

이 6가지 청크 구성하는 법을 차근차근 배우면서 익혀 가는 것이 바로 잉크다.

공부 방법은 분석식으로 영어를 해부하는 B.C. 학습법으로 하는 것이 아니고, 신나게 박자 맞춰서 말하기 연습을 한다. 아이들이 아주 쉽고 재미있게 공부한다.

이 잉크는 2년 간 공부하고 나면 상당히 높은 수준의 말까지 만들어 할 수 있다.

그다음 2년간은 **잉코**(English Correct)가 이어진다. 글자 그대로 '영어를 정확하게 쓰는 법'을 배우는 것이다.

예를 들어서, 명사의 복수형 만드는 법, 셀 수 있는 명사와 셀 수 없는 명사 가려쓰기 등, 중고등학교의 영어 문법 시간에 배우는 자질구레한 규칙들을 재미있게 배운다.

잉스바, 잉포, 잉크를 통해서 이미 상당 수준의 영어를 구사할 수 있는 상태에 도달한 뒤에 배우기 때문에 아주 쉽게 배운다.

이렇게 잉스바, 잉크, 잉포를 4-5년간에 걸쳐서 마스터하고 나면, 영어 실력은 수능문제 정도는 가볍게 풀어 낼 정도가 되고, 회화는 물론이고 성경 말씀으로 양육이 되어서 성령 충만한 모범 학생이 된다.

이 코스 다음에는 마가복음을 통째로 공부하고, 이어서 사도행전을 독파하면서

고급 영어를 배우는 코스가 이어진다.

이 **젭스영어성경홈스쿨**은 원래 엄마가 집에서 자녀들을 가르치도록 설계되었다.

그래서 전문적인 교사가 아닌 엄마가 가르치기 때문에, 전문적인 교수 기술이 없어도, 회원가입 후 진행되는 온라인 강습을 받고 나

면 누구나 충분히 진행할 수 있도록 설계되었다.

엄마가 영어를 잘 몰라도 충분히 진행할 수 있도록, 잉스바는 내가 직접 강의를 하고, 잉크와 잉포는 숙달된 연구원들이 직접 강의를 했다.

그래서 아이들은 그냥 동영상을 보면서 공부를 하고, 엄마는 아이가 잘할 때마다 아낌없는 칭찬과 격려만 열렬히 하면 수업이 진행되도록 제작했다.

처음에는 "내가 어떻게 영어를 가르쳐요?" 하고 겁을 내던 엄마들도 몇번 해 보고 나면 자신이 붙어서, "아이들이 너무 너무 잘해요" "이런 식이면 얼마든지 할 수 있겠어요" 하면서 좋아한다

이런 모습들이 점점 소문이 나면서, 아이의 친구들이 합류하고, 또 동네 엄마들이 소문 듣고 찾아오고 해서 저절로 공부방이 형성되고, 그러다 보니 수업료 수입도 생기고, 본의 아니게 엄마들이 부수입도 생겨서 살림에도 크게 보탬이 된다고 좋아한다.

특히 개척교회 사모님들은 코로나 때문에 교회가 문 닫을 지경에 이르렀을 때, 젭스 홈스쿨이 교회 운영비를 해결해 줘서 살아나게 되었다고, 주님이 보내신 홈스쿨이라고 하시는 분이 많았다.

코로나 때문에 온 나라가 셧다운되었을 때도, 젭스는 온라인으로 계속되었다.

본사에서 제공하는 온라인 프로그램을 통해서 학생들이 자습을 한 뒤, 인터넷을 통해서 선생님과 원격으로 수업하고, 시간과 공간을 뛰어넘는 학습들이 일어났다.

이 젭스 프로그램은 우리나라뿐만이 아니라, 선교사들을 통해서 동남아 각국으로 퍼져 나갔다. 코로나 때문에 귀국해 있던 선교사들이 이 젭스를 배워서 각국에 보급하기 시작했다. 미얀마, 캄보디아, 라오스, 태국, 인도네시아 등지의 선교사들이 열정적으로 참여했다. 얘기를 들어 보니 세상에 무슨 짓을 해도 꼼짝도 않던 현지인들이 아이들이 영어를 외치기 시작하니까, 열정적으로 지원하기 시작했다고 한다. 몽골에서는 일주일에 두 번씩 두 시간 거리에서 차를 태워서 아이를 데려오는 부모가 있을 정도라고 했다.

이 몽골의 선교사는 본사의 승인을 받고 몽골 현지인 교사들을 양성해서 배출했는데, 그 수료식에 내가 축하 영상을 보내 주기도 했다.

듣기로, 코로나 시국을 겪는 동안에 교회마다 교인들이 줄어들고, 특히 주일학교 아이들이 대폭 줄어서 아예 주일학교를 열지도 못하는 교회들이 많았었는데, 이제 코로나가 끝나고 아이들이 조금씩 오기 시작한다고 한다.

그 교회들 중에 꽤 많은 교회들이 이 젭스 영어 성경학교를 도입해서 성공을 하고 있다.

일반적으로 영어 성경학교라고 하면 영어를 잘하는 선생이 가르쳐야 한다고 생각해서 감히 시작할 엄두를 내지 못하는데, 이 젭스는 인터넷을 연결해 틀어 주기만 하면 컴퓨터 프로그램 자체가 다 알아서 가르치고, 선생님은 출석 관리 등의 진행을 하면서, 아이들이 잘할 때마다 칭찬과 격려를 하면 되기 때문에 영어 못하는 집사님들도 얼마든지 운영할 수가 있다.

코로나 때문에 몇 년간 중단되기는 했지만, 그동안 내가 국내 대도시의 큰 교회부터 산간벽지의 작은 시골 교회까지 다니면서 수백 회의 초청 강좌를 했다.

다니면서 보니까, 가장 안타까운 것이 교회 건물은 번듯하게 지었는데, 그 시설들이 일주일에 두세 번, 주일예배, 수요예배, 금요 철야 등에만 사용되고, 다른 날은 내내 텅 비어 있는 것이었다.

내 생각에는 그 시설에 동네 아이들을 데려다가 영어 성경학교를 하면 영어 배우자는 욕심에 출석하기 시작하고, 성경 말씀을 영어로 암송하다 보면 복음이 전파되고, 또 아이들이 다니기 시작하면 불신자 부모들도 따라서 나오게 될 것이 분명하다.

아이들 모집하는 방법은 간단하다.

먼저 똘똘한 아이들 몇 명을 잘 훈련시킨 다음, 시범 발표를 몇 번 하면 학생들이 모집되고, 또 그 아이들을 잘 훈련시켜서 더 큰 발표를 하고, 인원이 좀 더 모여서 일손이 부족하면 선배가 후배를 양육하고, 또 발표하고… 하면서 성장한다.

이것은 내가 교회에서 아이들을 가르치면서 실제로 체험한 얘기다.

이제 코로나도 끝났으니 앞으로 더욱 효과적이고 강력한 프로그램을 만들어서 우리나라 방방곡곡에 전파하고, 동남아에 전파하고, 전 세계로 전파할 예정이다.

23

중고생 영어 공부 혁명

우리나라 중고생들은 참 공부를 많이 한다.

그중에서도 영어 공부를 많이 한다.

문법, 독해, 시험 문제 풀이 등을 하기 위해서 학원도 다니고, 족집게 과외도 하고, 요새는 인터넷 강의도 듣고 참 열심히들 한다.

그런데, 이렇게 열심히 하면 영어를 잘해야 하는데, 이상하게도 열심히 하는 만큼 실력이 늘지 않는다.

그 이유는 무엇일까?

앞에서도 언급했지만, 진짜 영어 실력에 도움이 되는 공부는 하지 않고, 엉뚱하게 영어 해부학만 열심히 하기 때문이다.

영어 실력을 늘리려면 무엇보다도 소리 내서 낭송을 많이 해야 한다.

박자 맞춰서 자꾸 읽어서 저절로 입에서 술술 나올 때까지 낭송해야 한다.

이것은 영어 공부의 필수사항이다.

아무리 문법을 공부하고, 단어 숙어를 외우고, 문제를 풀어도 소리 내서 낭송하지 않으면 영어가 열리지 않는다.

큰소리로 박자 맞춰서 열심히 낭송하고 난 뒤에 문제를 풀면 이상하게 영어가 쉽고 문제가 잘 풀린다.

돌이켜 보면, 내가 중학교 시절에 영어를 공부하던 방법도 바로 '통째 암송'이었다. 그 당시 갑자기 고교 입시가 생겨서, 다른 친구들은 다 학원을 다니거나 과외 공부를 한다고 법석을 떨었는데, 나는 문법 주입식 학원이 싫어서, 그냥 중학교 교과서를 통째로 암기해 버렸다. 특별한 방법도 없이 그냥 시간 날 때마다 영어 교과서를 소리 내서 읽었다. 그러다 얼마간 하다 보니 책을 보지 않고도 처음부터 끝까지 암송할 수 있었다. 그래서 친구들이 "몇 학년, 몇 과" 하고 부르면, 그냥 줄줄 암송하며 자랑하곤 했다.

결과가 어땠냐고? 그해 고교 입시에서 나는 영어 과목 만점을 받았다.

중학생 정도는 영어 교과서를 반복 낭송해서 암송하는 것이 좋다.

그러면 영어의 기본이 탄탄해져서 학교 성적도 좋아지고, 대학 입시 준비를 하는데도 튼튼한 기초를 쌓을 수 있다.

그런데, 교과서를 읽는다고 그냥 무턱대고 제 마음대로 읽으면 안 된다.

물론 안 한 것보다는 낫겠지만, 박자와 리듬, 발음 등이 맞지 않는 상태로 자꾸 소리 내서 읽으면 나쁜 습관이 몸에 배서 영어를 망칠 수도 있다.

언어의 소리에는 그 언어의 모든 영양분이 다 들어 있다.
그래서 원어민의 소리를 반복해서 듣고 그대로 따라하면
글자로는 보이지 않는 영어의 영양분을 그대로 흡수할 수 있다.
소리를 듣고 그대로 따라하는 것이 단순히 발음 연습만은 아니다.
골짜기의 꽃을 퍼서 우리집 마당에 옮겨 심는 것처럼
살아 있는 영어를 산채로 내 머릿속에 옮겨 심는 것이다.

24

사발면에 물을 붓자

지금까지 영어 학습에 관해서 여러 얘기를 했다.

– 머릿속 영어 뼈다귀들을 살려내기

– 묶음으로 흘러가는 6가지 청크

– 영어의 강세와 리듬 맞춰 읽기

– 원어민과 똑같이 따라 하기

– 삽화기억술로 그림 보면서 낭송하기

– 잉스바, 잉크, 잉포 공부하기

자, 이제 A.D. 학습법으로 열심히 공부해서 영어가 웬만큼 되는 수준까지 왔다.

그러나 아직 유창한 단계까지는 오지 않았다.

마지막으로 한 가지 단계가 남았다.

이것들을 활성화시키는 것이다.

비유를 위해서 '사발면'을 예로 들어 보자.

사발면을 열어 보면 딱딱하게 굳어 있는 라면 덩어리가 들어 있다.

그냥은 먹을 수가 없다.

어떻게 해야 하나?

그렇다. 스프를 넣고 끓는 물을 부은 뒤 몇 분간 기다리면 딱딱하게 굳어 있던 면이 풀어져서 먹기 좋은 라면이 된다.

영어 공부 하는 것이 이와 비슷하다.

앞에서 모국어 배울 때의 과정을 살펴보았다.

일어문 시기, 이어문 시기, 언어 폭발기 등을 거치면서 아기가 했던 가장 중요한 활동은 바로 '의사소통'을 하는 것이었다.

자기가 할 수 있는 최선의 언어로 끊임없이 의사소통을 하려고 애썼다.

그렇게 하면서 하루하루 말이 늘어 가고, 5살 정도 되면 웬만한 말을 다 알아듣고, 또 말할 수 있는 실력을 갖게 된다.

지금까지 우리가 살펴본 A.D. 학습법으로 열심히 공부하는 가운데 빠진 것은 무엇일까?

그렇다. 바로 '의사소통'이다.

A.D. 학습법으로 영어 성경을 낭송하고, 6가지 청크를 익히고, 생활 회화를 익히고 하면서 쌓은 실력들이 머릿속에 마치 라면 덩어리처럼 만들어져 있다.

여기에 뜨거운 물을 부어서 활성화시키면 드디어 유창한 영어가 나오기 시작한다.

그 뜨거운 물이 바로 '의사소통'이다.

그 의사소통 연습 방법 중 가장 좋은 것은, 바로 미국이나 캐나다 등 현지에 가서 살면서, 그쪽 학교에 단 1년이라도 다니는 것이다.

그러면 머릿속에 형성되어 있던 영어 덩어리들이 풀어지면서 급속도로 유창한 영어가 나온다.

성인들 어학연수의 경우, 그쪽의 어학원이나 어학연수원에 가는 것은 그다지 바람직하지 않다. 실제로 어학연수를 갔다 온 사람 중에 많은 사람이 별로 영어가 늘지 않아서 실망하는 경우를 많이 보았다.

내가 권하는 것은 '영어를 일부러 가르치는 곳'이 아닌 '**영어를 사용해서** 뭔가를 가르치는 학교'에 가는 것이 훨씬 효과적이다.

예를 들어서 요리학교라든지, 배관공 양성 학교라든지, 하여튼 영어를 사용해서 뭔가를 가르치는 학교. 될 수 있으면 학교의 동료 학생들이 대다수 원어민인 곳, 그런 곳에 가서 친구도 사귀고, 영어로 수업도 듣고 하면서 국내에서 연습했던 영어를 활성화시키면 영어가 확 열린다.

물론 가기 전에 A.D. 학습법으로 충분히 공부해서 영어 기본이 웬만큼 되어 있는 사람 얘기다.

우리 젭스에서도 젭스 과정을 일정 기간 수료한 학생들을 대상으로 '미국 학교 단기 유학'을 운영한 적이 있었는데, 다녀온 아이들이 영어가 많이 늘었다고 좋아했다.

그런데 이 미국 학교 단기 유학의 단점은 비용이 많이 든다는 것이다.

차선책으로 바람직한 것이 '원어민과의 화상 대화'이다.

우리 젭스에서 운영하는 '젭스폰'을 예로 들어 보면,

일주일에 2번씩, 한 번에 약 20분씩 컴퓨터 화면을 통해서 대화 활동을 한다.

대화의 상대는 '북미 선생'과 '필리핀 선생' 중에서 선택.

북미 선생은 비용이 좀 비싸고, 시차 때문에 시간 잡기가 어렵다는 것이 단점이다.

둘 중, 내가 권하고 싶은 것은 필리핀 선생이다.

비용도 북미 선생의 절반 정도밖에 안 들고, 영어도 거의 원어민처럼 잘한다.

간혹 "필리핀 선생은 영어 발음이라든지, 영어 실력이 떨어지지 않겠느냐"고 말하는 사람이 있지만, 젭스폰에서 일하는 현지 선생님들은 초등학교부터 고등학교까지 영어만 사용하는 국제학교를 다녔고, 또 대학도 완전 영어만 사용하는 최고 수준의 학교를 졸업한 엘리트들이다. 영어 실력은 어정쩡한 미국 사람 보다 훨씬 낫다. 이런 선생들이 재미있게 대화를 리드해 준다.

여하튼, 북미 선생이건, 필리핀 선생이건 하루에 단 몇 분이라도 영어로 의사소통을 꾸준히 하는 것이 중요하고, 하루라도 빨리 시작하는 것이 좋다.

그러면 머릿속 영어 라면이 활성화되면서, 유창한 영어를 할 수 있게 된다.

25

영어 시험을 바꾸자

지금까지 영어가 뻥 뚫리는 가장 좋은 방법은 바로, 좋은 영어 문장들을 원어민의 소리와 똑같이, 큰 소리로 박자 맞춰 읽어서 암송하는 것이라는 것을 배웠고, 그에 동의했다.

그러면, 이 방법이 실제 교육 현장에서 채택되어, 실시되게 하려면 어떻게 해야 할까?

지금까지 경험해 온 바에 의하면, 얘기를 들을 때는 모두들 "그럴듯한 얘기야" 하고, 고개를 끄덕이면서도, 실제 교육 현장에 돌아가서는 지난 100년간 해 오던 방법을 그대로 계속한다.

아무리 말로 해 봐야 현장에서는 절대로 실천이 안 된다.

그러면 어떻게 하면 좋을까?

이 문제를 놓고 기도를 하던 중 기가 막힌 강력한 방법이 떠올랐다.

바로 '**영어 시험을 바꾸는 것**'이다.

우리나라의 모든 공부는 바로 시험을 향해서 초점이 맞춰져 있다.

따라서 영어 시험을 바꾸면, 모든 학생이 그 시험에 좋은 점수를 받을 수 있는 방향으로 공부를 하게 된다.

학교도, 학원도, 출판사도, 방송 강좌도 전부가 시험 점수를 잘 받을 수 있는 쪽으로 방향을 바꾸게 된다.

나의 제안은

우선 학교 영어 시험을

1. 영어 교과서 암송하기

2. 영어 교과서 안 보고 쓰기

이렇게 두 가지 시험만 보면, 모든 학생이 다 영어를 잘하게 된다.

허무맹랑하다고 생각하나? 이것을 구체화해 보겠다.

첫째, '영어 교과서 암송하기'

수업 시간에 교과서의 내용을 청크 단위로 충분히 이해한 뒤,

컴퓨터로 처리된 연습 프로그램으로 정확한 발음과 리듬으로 읽기를

계속 반복 연습 한다.

이 수업은 선생님 없이, 컴퓨터만으로도 할 수 있다.

그러고는 주기적으로 암송 발표를 하는데, 채점은 컴퓨터 AI가 한다.

채점기 앞에서 암송 발표를 하면, 컴퓨터 AI가 노래방 점수처럼

100점 만점으로 점수를 표시하고, 부족한 부분, 고쳐야 할 점들을 지적해 준다.

응시자가 원할 경우 여러 번 반복할 수 있다.

또 주기적으로 지난 내용도 랜덤으로 암송 체크한다.

컴퓨터로 체크한 점수가 영어 점수가 된다.

결심만 하면 시행하기는 아주 쉽다.

둘째, '영어 교과서 안 보고 쓰기'

영어 교과서 내용을 소리 내어 낭송하기를 하는 한편, 그 내용을 쓰는 연습을 컴퓨터로 연습한다.

시험은 공부한 내용 중 랜덤으로 지정된 내용을

1. 컴퓨터 답안지에 통째로 쓰기

2. 빈 칸 채우기 형식으로 출제된 문제를 풀기

3. 채점은 컴퓨터가 자동으로 채점.

이런 방식으로 실시한다.

미리 문제를 가르쳐 준 방식으로 실시되기 때문에 불안하지도 않고,

누구나 열심히 노력만 하면 좋은 점수를 받을 수 있다.

대학 입시도 이렇게 하고,

각종 국가고시도 이런 식으로 하면,

전 국민이 영어 공부에 과도한 스트레스를 받지 않고

훌륭한 영어 실력을 갖출 수 있다.

너무 간단해서 좀 황당하게 들릴 수 있지만, 일단 정부가 결심하고 실시하기만 하면 우리나라 사람들의 영어 실력을 단번에 높일 수 있는 획기적인 정책이 될 것이다.

왜 이런 생각을 했냐고?

현재 현장에서 시행되고 있는 영어 시험들을 보면 정말 황당하기 짝이 없다.

예를 들어 보자.

다음은 2021년에 시행된 9급 공무원 시험 문제다.

시중에서 판매하고 있는 공무원 시험 준비서에서 2021년 8월 14일에 시행된 9급 공무원 시험 문제를 인용했다.

워낙 양이 많아서 1번부터 6번까지의 문제만 실어 놓았으니 한번 풀어 보기 바란다.

총 20문제에 제한시간 20분이니까, 문제 1개당 1분 내에 풀어야 한다.

자, 그럼 마음의 준비를 하고, 시작!

5회 2021년 국회직 9급 2021년 8월 14일 시행

총 20 문항 제한시간 20분

※ 밑줄 친 부분의 의미와 가장 가까운 것을 고르시오. [01–02]

01

These economic policies are <u>inimical</u> to the interests of society.

① amenable

② arduous

③ favorable

④ harmful

⑤ pertinent

02

When a group of atoms is driven by an external source of energy and surrounded by a heat bath, it will often gradually restructure itself in order to <u>dissipate</u> increasingly more energy.

① conserve

② create

③ scatter

④ secure

⑤ utilize

03 어법상 옳지 않은 문장은?

① The question debated in Parliament yesterday was about the new tax.

② A man wearing a red vest is standing still on roller skates.

③ They knew the man who was going out with their daughter.

④ The list shows all articles that are belonging to the owner.

⑤ Authorities are afraid of people knowing the truth.

04 밑줄 친 부분에 들어갈 가장 적절한 표현은?

> Obviously, the educational process for jurors needs to be improved, and judges and lawyers need to become active participants in this educational process. They need to take the responsibility for informing jurors about the relevant legal issues in each case. They must educate jurors on the rules of law applicable to the cases at hand and in language they can understand. Some may argue that this system may be abused by lawyers who want to bias a jury in their favor. This is, of course, possible. But one must realize that ____________________. Each juror walks in with his or her own distinct set of values and beliefs. The lawyers are always trying to influence them to see their side. I would argue, however, that it is better to risk the possibility of some additional bias in order for the juries to be better informed. It is more desirable to have a knowledgeable jury, even at the risk of some bias, rather than to have a jury that is totally in the dark about the legal issues surrounding a particular case.

① juries are inherentlv biased

② juries will never change their mind

③ judges are always impartial

④ lawyers hardly succeed in persuading juries

⑤ judges are likely to dictate the court

05 밑줄 친 부분에 들어갈 가장 적절한 표현은?

One useful guideline for differentiating a dialect from a language is that different languages are not ________________________, whereas different dialects generally are. For example, if you are a monolingual speaker of Mandarin Chinese and you encounter a monolingual speaker of Cantonese Chinese, the two of you will have a great deal of difficulty communicating through language alone, since Mandarin and Cantonese are two different languages. On the other hand, if you are a native Dane and you encounter a native Norwegian, the similarities between your linguistic systems will far outweigh any differences; you will have little trouble communicating with each other, since Danish and Norwegian represent two different dialects of a single language.

① of the same ethnic background

② culturally comprehensible

③ officially used in a country

④ learned in the same way

⑤ mutually intelligible

06 Komodo dragons에 대한 다음 글의 내용과 일치하지 않는 것은?

Do dragons really exist? In Indonesia they do. Called Komodo dragons, they are the largest living members of the lizard family. They grow up to 10 feet long. They are part of a group of lizards known as monitors. According to legend, these lizards get the name "monitor" because they warn of the presence of crocodiles. Coincidentally, Indonesians call Komodo dragons "land crocodiles." They have armor-plated heads, thick forked tongues, claws that are sharp and long, and strong skin that looks like polished gravel. They don't breathe fire like the mythical dragons of European lore. But neither do they sit on logs all day sunning themselves like some lizards. During the hottest hours of the day, the giant lizards rest in caves that they've dug, storing up their energy for hunting in the evening and early morning. Their hunting tactics are a lot like a cat's. After hiding in a bush, they lunge at and surprise their prey, which includes deer, wild pigs, and even water buffalo. If carrion (the rotting flesh of dead animals) presents itself, they'll choose it over animals they have to kill themselves.

① 도마뱀과 중에서 가장 큰 살아 있는 동물로 신화 속 용들처럼 불을 내뿜지는 않는다.

② 두껍고 갈라진 혀를 가지고 있으며 피부 표면이 거칠어 보인다.

③ 가장 더운 시간에는 직접 판 동굴에 들어가 나중의 사냥에 대비한다.

④ 덤불에 숨어 있다가 갑자기 사냥감에 달려드는 사냥방식이 고양이와 비슷하다.

⑤ 죽은 동물과 직접 사냥해야 할 동물 중에서 죽은 동물을 선호한다.

6분, 땡!

자, 잘 풀어 봤는지? 소감이 어떤지?

내가 실험적으로 몇 사람에게 풀어 보라고 했더니, 반응이

“눈 앞이 캄캄하다”

“세상에, 9급 공무원이 이런 영어를 알아야 하나?”

“문제 풀다가, 토할 뻔했다”

등의 반응이었다.

나도 이 문제들을 처음 보았을 때, 비슷한 느낌이었다.

‘세상에 9급 공무원 될 사람들에게 이런 것들을 물어보다니,

제정신인가?’

출제자를 만나면 내가 꼭 물어보고 싶은 말이 있다.

“우리나라 9급 공무원의 업무에 이런 영어가 필요합니까?”

이것이 바로 우리나라 영어 교육의 현 주소다.

이런 쓸데없는 것들을 공부하느라고, 멀쩡한 젊은이들이 청춘을 바치면서 시간을 낭비한다.

내 생각에는 그저, 민원인을 응대할 때 필요한 필수 표현들을 많아야 50문장 정도 주고, 암송 테스트하면 될 것 같은데, 왜 이런 시험을 보는지 모르겠다.

좀 더 심각한 내용의 문서들은 AI 번역기를 돌리면 사람이 하는 것보다 훨씬 더 정확하고 빠르게 해 준다.

일반 시민들도 사회 각 분야마다 필수적인 표현 20개 정도씩 정해서 암송시키면 된다.

요즈음, TV를 보면 우리나라 연예인들이 외국에 가서 식당을 차려 놓고 영업을 하는 프로그램이 나오는데, 필수 표현 20여 가지만 가지고도 할말 다하고, 아무 지장 없이 영업을 한다.

원래 외국어라는 것이 그런 것이다.

필수 표현 몇 마디만 알아도, 별 지장 없이 살아간다.

결론은, 우리나라 영어 교육을 성공시키려면

"우선 영어 시험부터 바꾸자!"

Part 5

정철 선생

예수님 만난 이야기

26

나는 정말 영어에 거의 미쳤었다

대한민국에서 나는 그런대로 유명인사 중 하나다.

아무에게나 “정철 선생님이라고 아십니까?” 하고 물으면 열에 일곱 가량은 “영어 선생님 아니에요?” 하고 대답할 정도이니까. 그래서 사람들은 내가 미국에서 오랫동안 살면서 영어를 전공했을 것이며, 또 나이도 꽤 많을 것이라고 생각한다. 실제로 우리 학생들 중에는 “아직도 생존해 계신가요?” 하고 묻는 자들까지 있다.

그러나 나는 미국에서 오랫동안 산 적도 없고, 또 영어를 전공하지도 않았으며, 원래 영어를 잘하던 사람도 아니었다. 또 1949년생이니까 출고된 지 74년 밖에 안 된 젊은(?) 사람이다.

게다가 지난 20여 년간 TV, 라디오, 유튜브에서 영어 성경 강의를 해 오다 보니, 내가 모태신앙 내지는 어렸을 때부터 신앙생활을 해 왔을 것이라고 생각하는 사람도 많다.

그러나 나는 나이 50이 될 때까지 매월 초하루 보름마다 돼지 머리에 온갖 제물을 차려 놓고 천지현황, 일월성신, 미륵불 앞에 천제를 지내던 사람이다. 도대체 무슨 일이 어떻게 생긴 것일까?

하나님이 하신 일이라고 밖에는 설명할 수 없는 그 얘기를 이제부터 하겠다.

나는 1949년 2월 22일, 강원도 춘천에서 태어났다. 초등학교 4학년 때 서울로 유학 오자마자 아버지가 돌아가시고, 어머니와 세 명의 누이와 함께 살아오면서 별다른 종교를 가진 적 없었다.

한번은 고등학교 1학년 때인가, 어머니를 따라서 동네 교회 고등부에 몇 번 나간 적이 있었다. 그런데 난생 처음 보는 나를 지나치게 반기는 것도 위선적인 것 같아 기분 나쁘고, 잃어버린 양이 돌아왔다면서 나를 동물 취급하는 것도 기분 나쁘고, 또 노래만 불렀다 하면 예수님의 피가 어쩌니 저쩌니 하며 피 타령을 하는 것도 이상하고, 하여간에 보는 것 듣는 것마다 마음에 들지 않아서 몇 번 가다가 그만 두었다.

나중에 어머니로부터 들은 얘기인데, 우리 집안이 원래 기독교 집안이었고 우리 할머니는 일제강점기 때 유명한 전도사였다고 한다. 할머니의 성함은 최현숙.

기도와 치유의 은사로 유명했던 김익두 목사를 수행하여 전국을 다니면서 사역하셨는데, 우리 할머니 역시 능력 있는 전도사로 유명했다고 한다.

나는 어렸을 때부터 키가 좀 작았다. 중학교 입학했을 때 135센티미터였는데, 2학년에 올라가면서 150센티미터가 되었다. 그렇게 1년에 무려 15센티미터나 크더니, 그 후로는 어찌된 일인지 1년에 2-3센티미터 정도씩 밖에는 안 컸다. 키가 작아서 반에서 출석번호 1번은 항상 따 놓고 살았고, 내 자리는 항상 교탁 앞자리, 선생님이 출석부를 휘두르면 사정권 안에 들어왔다.

중학교까지는 별 신경 안 쓰고 잘 살았는데, 고등학생 되면서부터 작은 키가 신경 쓰이기 시작해서, 나중에는 열등감으로까지 발전했다.

나는 생각했다. '이 광대한 우주를 바라볼 때 그까짓 키 몇 센티미터 정도는 아무것도 아닌데, 내가 왜 이렇게 고통스러운가?' '마음이란 무엇인가' '또, 인생이란 무엇인가' 등을 심각하게 생각하면서, 소위 말하는 '개똥철학'에 빠져들다가, 급기야는 참선, 단전호흡, 요가 등에 심취하면서 본격적으로 도통 공부를 시작했다.

입시 공부는 안하고 그런 짓만 하고 있으니 대학에 합격할 리가 없었다. 의과대학을 지원했다가 떨어졌지만 별로 낙심하지 않았다. 오히려 그렇게 된 김에 산에 들어가서 도통 공부나 해야겠다는 생각이 들었다.

집에는 절에 가서 입시 공부를 하겠다고 하고, 본격적인 입산 수도를 시작했다. 그렇게 산속 암자에서 가부좌를 틀고 앉아 단전에 힘을 모으고 도를 닦았다.

밤이면 조금 무섭긴 했지만 그럴 때마다 불경을 외웠다.

불경을 외우는 것도 자꾸 하다 보니 솜씨가 늘어서, 내가 들어도 그럴듯하게, 목탁까지 치면서 반야심경을 낭송했다.

어느 날 내 독경 소리를 들은 스님이 내 소리가 듣기 좋다면서 산사에 행사가 있을 때마다 불러서 독경을 시켰다. 그때부터 사찰 행사 때마다 대웅전 한 귀퉁이에서 독경을 하고 제사상 음식을 얻어 먹었다.

그 당시 암자 주변에는 나처럼 수도한답시고 산을 찾은 사람들이 종종 있었다.

그들과 교제하면서 옛날 도사들이 도통 공부하던 얘기도 듣고, 우리나라 고유의 민속 종교에 관한 여러 얘기들을 들으면서, 우리 민족을 중흥시킬 수 있는 민족 종교를 찾아서 온 나라 중생들을 번뇌에서 벗어나게 해야겠다는 생각을 했다.

그러던 어느 날 내 운명을 바꾸는 사건이 일어났다.

마침 필요한 물품을 조달하러 하산하던 길에 광화문 네거리에서 친구를 하나 만났다. 그 친구가 영어 회화 연습하러 미군 장교를 만나러 가는 길인데 함께 가 보겠냐고 했다. 별로 바쁜 일도 없고, 구경이나 해 보자는 생각으로 별 생각없이 따라갔다.

만약, 그때 그 친구를 따라가지 않고 그냥 산으로 돌아갔더라면, 아마도 지금쯤 미아리고개 밑에서 '정 도령 철학관' 같은 것을 차려놓고, 온갖 중생들의 사주 관상을 봐주고 있을 지도 모르겠다.

여하튼 이렇게 해서 난데없는 영어와의 인연이 시작되었다. '그까짓 영어, 배운 대로 하면 되지' 하고 생각했지만, 막상 그 노랑머리 미군 장교와 맞닥뜨리니 말 한마디도 제대로 못하는 꿀 먹은 벙

어리가 되었다.

게다가 학창 시절에 나보다도 영어를 못하던 친구 녀석이 "너더러 미국에 가 본 적이 있냐고 묻는 거야" "전공이 뭐냐고 하는데?" 하고 통역까지 하면서 잘난 체를 하는 것이었다.

내 비록 대학에는 떨어졌지만, 학창 시절에 영어 성적이 그리 빠지는 실력은 아니었는데, 몇 마디 말조차 못한다는 사실이 황당하고, 자존심이 몹시 상했다

그래서 미군 장교와 헤어진 뒤, 그길로 서점으로 달려가 얇은 영어 회화 책을 하나 샀다. '그까짓 영어 회화, 일주일이면 되겠지' 생각하고, 며칠동안 그 책을 처음부터 끝까지 통째로 달달 외웠다. 우리말을 보면 영어가 바로 튀어나올 정도로 달달 외웠다. 그리고 딱 보름 만에 그 미군 장교를 다시 만났다. 만나자마자 미리 외웠던 회화 예문들을 유창하게 쏟아 냈다.

미군 장교는 지난번엔 한 마디도 못하던 내가 어쩌고저쩌고 영어로 말을 하니까 신기해하면서 이것저것 질문을 하기 시작했다. 하지만 미리 외웠던 것들은 어떻게든 말하겠는데, 그가 하는 말은 전혀 알아들을 수 없었다. '아차, 듣기 연습을 안 했구나' 하고 영어 듣기 연습을 하는 방법을 수소문해 보니, 미군 방송 AFKN을 들으면 된다고들 했다. 그래서 이번에는 미군 방송 듣기를 시작했다.

매시간 나오는 5분 뉴스를 듣기 시작했는데, 5분 내내 들어봐야 가끔씩 '워싱턴' '프레지던트 닉슨' 등 몇 마디 아는 단어 외에는 도무지 알아들을 수 없었다. 그래서 녹음기를 마련해서, 뉴스를 녹음

해서 반복해 듣기 시작했다.

어떤 것은 100번 이상 반복해서 들어도 안 들렸다. 도대체 무슨 소리인가 앞뒤 내용을 바탕으로 추리해서 짐작해 보기도 하고, 영자 신문도 찾아보고, 나중에는 미군 신문인 "Stars & Stripes"를 구독하면서 내용을 확인했다.

알고 보니 내가 모르던 단어가 아니고, 단어들이 몇 개씩 뭉쳐서 발음되기 때문에 잘 안 들리는 것이었다.

일주일 정도면 끝날 줄 알고 시작한 영어 공부가 무려 2년 이상 계속되었다. 이렇게 도사의 꿈은 잠시 접은 채, 미친 듯이 영어에 집중했다.

AFKN 듣기가 웬만해지자, 이번에는 미국 영화를 보기 시작했다.

당시 종로, 동대문, 청량리 쪽에 미국 영화 동시 상영 극장들이 있었는데, 한 영화를 3일 상영하면 또 다른 영화로 바꾸곤 했다.

나는 매일 아침 극장으로 출근해서 저녁까지 똑같은 영화를 반복해서 봤다. 역시 녹음기를 들고 가서 녹음을 해 왔다. 매일같이 출근을 하다 보니까 극장 직원들과 친해져서 도시락도 나눠 먹고, 영사실 기사와도 친해져서 영사기에 직접 연결해서 녹음을 할 정도가 되었다.

영화 대사는 라디오 뉴스보다 더 듣기 어려웠다. 아무리 반복해 들어도 안 들리는 대목을 알기 위해, 영화를 수입한 회사까지 찾아가서 대본을 구했다. 너무 오래된 영화라서 대본이 없다고 난색을 표하는 담당자에게 밥을 사고, 담배를 선물하고 대본을 구했다.

처음에 대본을 구한 영화는 그 유명한 "애수(Waterloo Bridge)"였다. 비비안 리와 로버트 테일러가 주연한 흑백영화였는데, 그 주옥 같은 대사들을 대본으로 확인했을 때 어찌나 감격했는지 눈물이 왈칵 쏟아질 지경이었다.

그 이후 몇 달 동안 미친듯이 연습을 했다. 대본을 보지 않고도 영어로 연기할 수 있을 정도로 연습을 했다.

얼마나 밤낮으로 소리를 질러 가며 연습을 했는지, 내 방과 창문을 마주하고 있던 옆집 아줌마가 "밤낮으로 떠들어 대는 서양 귀신들 때문에 살 수가 없다"고 항의할 정도였다.

이렇게 2년 가까이 영어 공부에 거의 미쳤었다. 미국 영화를 공부하는 한편, 영자 신문 읽고 난 뒤 안 보고 다시 쓰기, 영자 신문 읽으며 우리말로 통역하기, 우리말 신문 읽으며 영어로 통역하기 등 새로운 연습 방법들을 고안해 가면서 나는 정말 영어에 거의 미쳤었다. 또한 영어에 통달하는 원리를 찾아내기 위해 많은 책을 읽고 공부했다. 그렇게 열심히 하다 보니 꽤 괜찮은 실력이 되었다.

27

선생님 강의가 재미없고 지루하대요

하루는 알고 지내던 영어 회화 학원 원장님에게서 연락이 왔다. 갑자기 빠지게 된 강사 자리를 메워야 한다면서 한 달만 강의를 해 달라는 것이었다.

이른바 '땜빵 강사'다. 대학 졸업장도 없고, 요즈음으로 치면 무자격 강사지만, 당시만 해도 영어만 좀 하면 누구나 영어 선생을 할 수 있던 때였다. 그때 내 나이 겨우 22살이었다.

별 달리 바쁜 일도 없고 경험도 될 것 같아 흔쾌히 수락했다. 기초 독해 수업이었다. 나는 헤밍웨이의《노인과 바다》를 교재로 고르고 나름대로 열심히 수업 준비를 했다.

첫 시간, 교실에 들어가 보니 아리따운 여대생 다섯 명이 앉아 있었다. 같은 또래 어린 선생을 보고 당황해하는 학생들한테 "내가 겉보기 보다는 나이도 있고, 또 경력도 많다"고 허풍을 쳐 놓고, 열심히 문법 설명도 하고, 칠판에 예문도 잔뜩 써 가면서, 나름대로 신나게 열강을 했다.

그렇게 이틀이 지났다. 그런데 그중 세 명이 안 나오기 시작했다. 처음에는 무슨 바쁜 일이 있나 보다 했지만, 일주일이 지나도 앉아 있는 학생은 달랑 두 명뿐이었다.

"저… 나머지 세 학생은 무슨 일이 있나요?"

'아, 그게요. 실은… 다른 반으로 옮겼어요."

가슴이 철렁했다.

"왜요?"

"그게… 강의가 재미없고 지루하대요."

얼굴에 화끈 열이 올랐다.

"그런데 학생들은 왜 안 가고?"

"솔직히 말해도 되나요? 저… 우리까지 가면… 선생님이 너무 불쌍해질 것 같아서… 그런데 기왕에 말이 나왔으니 저희도 가면 안 될까요?"

순간 생각해 보니, 여기서 물러나면 정 씨 가문의 자존심에 큰 오점을 남길 것 같았다.

"에이, 그렇게 재미가 없었으면 진작 말들을 좀 해 주지. 나는 재미있게 듣고 있는 줄 알았잖아요. 그러면 내가 이제부터 수업 방법을 재미있게 바꿔 볼 테니까 일주일만 더 들어 봐요. 그래도 재미없으면 내가 학원비를 환불해 줄게요."

이렇게 큰소리를 쳐서 보내 놓고 고민하기 시작했다.

'도대체 왜 내 강의가 재미도 없고 영양가도 없다는 걸까?'

고민을 하다 보니 문제가 보이기 시작했다. 그때까지 나는 고등학교 시절에 보았던 입시학원 강사들을 흉내 내려고 애썼었다. 그런데 바로 그것이 문제였다. 입시 걱정이 없는 이 학생들은 뭔가 실제로 써먹을 수 있는 진짜 영어를 배우고 싶어하는 것이었다. 그렇다면 내가 지난 2년간 혼자 공부하면서 터득했던 새로운 방법들을 써보자는 생각이 들었다.

그래서 나는 그 두 학생을 상대로 열심히 이 방법, 저 방법을 써가며 혼신을 다해 수업을 하기 시작했고, 학생들도 열심히 참여했다. 세 사람이 마치 새로운 영어학습법 개발 팀이 된 것 같은 형국이었다. 시간이 지남에 따라 두 학생의 영어 머리가 열리면서 귀가 열리고 입이 터지기 시작했다.

그러자 떠났던 세 명이 다시 돌아왔다. 입소문이 퍼지기 시작했다. 내 강의를 듣겠다는 학생들이 다달이 불어났다. 6개월 만에 일약 유명 강사가 되었다. 이렇게 해서 나의 영어 선생 인생이 시작되었다.

28

공들여 섬기던 일월성신과 헤어졌다

물론 그동안에도 계속 단전호흡, 참선 등의 도통 공부는 계속하면서, 언젠가는 산에 들어가 도사가 되리라는 희망은 놓지 않고 있었다.

그러던 어느 날 너무나도 예쁜 한 아가씨를 만나게 되었다. 내가 열 번도 넘게 봤던 영화 "누구를 위하여 종은 울리나?(For whom the bell tolls?)"의 여주인공 잉그리드 버그만(Ingrid Bergman)을 꼭 닮은 예쁜 아가씨였다. 그녀에게 마음을 빼앗겨, 결혼하게 되면서 입산 도사의 꿈은 영원히 접었다. 비록 입산은 못했지만, 그 후로도 계속 도통 공부 모임에 참여하여 각종 산 기도 및 하늘과 땅의 신과 미륵불을 섬기는 제사를 열심히 지냈다.

결혼과 함께 본격적으로 풀타임(full-time) 학원 강사를 시작했다.

강의마다 인기가 있었다. 모든 강의가 개강 전에 마감되곤 했다. 듣겠다는 사람은 많았고 자리가 없었다.

그 당시 교탁 위에는 학생들이 녹음기를 잔뜩 올려놓곤 했다.

"이게 뭐 하는 거냐?"고 물으니, 어떤 학생은 "선생님 강의를 녹음해 집에 가서 다시 듣는다"고 하고

또 어떤 학생은 "그 녹음 테이프를 미국에 있는 사촌형에게 보낸다"고 했다.

또 어떤 학생은 "대전에서 서울까지 매일같이 강의 들으러 오는데, 고속버스에서 계속 반복해서 들으면 복습도 되고 아주 좋다"고 했다.

나는 그런 학생들의 모습을 보다가 아이디어가 하나 떠올랐다.

"교실 없는 학원을 해 보면 어떨까?"

내 강의를 녹음해서 팔면 되겠다 싶었다.

그래서 시작한 게 바로 '정철 카세트'였다.

학원 강사를 그만두고, 강의를 녹음해 카세트를 제작해 팔았다.

반응은 폭발적이었다.

1979년 12월, 종로2가에 조그만 사무실을 내고, 신문에 3단 12센티미터짜리 손바닥 만한 광고를 냈다. 제목은 이랬다.

"유창한 영어 회화는 무턱대고 연습만 한다고 되는 것이 아닙니다. 기본이 제대로 되어야 합니다."

새벽부터 전화가 오기 시작했다. 첫날 하루에 600통을 받았다. 온 가족이 총동원되어 전화를 받았다. 어떤 사람은 급하다며 직접 찾아오겠다고 했다. 당장 종로 YMCA건물에 큼직한 사무실을 냈다. 낱

개 테이프를 팔아서는 일을 감당해 낼 수 없었다. 그래서 생각한 게 회원 모집이었다. 회원제로 운영하면서 6개월에 5만원을 받았다. 6개월 치 회비를 선불로 내면 일주일에 한 번씩 테이프와 소책자를 보냈다. 회원은 기하급수적으로 불어났다.

나중에 내 친구인 조동성 서울대 경영학 교수가 놀러 와서 "야, 너 갑자기 재벌 됐다. 너는 경영학적으로 귀재"라며 치켜세워 주었다.

당시는 물건을 먼저 주고 할부로 돈을 나중에 받는 시스템이 대부분이었다.

그런데 나는 돈부터 받아 놓고 물건은 나중에 보냈다. 완전히 거꾸로였다.

이렇게 하니 미수금도 없고 불필요한 재고가 없었다.

실은, 일부러 그런 천재적인 시스템을 쓴 것은 아니고, 테이프와 교재를 한꺼번에 주려고 해도 제작 중이었으니 줄 수가 없었다.

당시 종각 지하상가가 문을 열었는데 거기다 매장까지 냈다.

운영은 직원들이 하고, 나는 강의를 녹음하느라 정신이 없었다.

1983년의 목표 매출액이 100억 원이었다. 당시 짜장면 한 그릇에 400원가량 했으니까, 지금 돈 가치로 환산하면 엄청날 것이다.

테이프에 강의를 담아 회원제로 운영하는 시스템은 초유의 일이었다. 내 강의가 재미있어서 더 듣고 싶은데 테이프가 빨리 안 나온다고 항의 전화도 많이 왔다.

그러다가, 1983년 6월 어느 날, 회사에 난데없이 국세청 사찰반이 들이닥치더니 모든 장부를 다 가져갔다. 며칠간 조사를 하는 듯

하더니 엄청난 세금을 부과했다. 총 30억 원이었다. 너무나 큰 액수였다. 생긴 지 얼마 안 되는 작은 회사가 감당하기에는 턱도 없었다. 세금을 못 내자 압류가 들어왔고, 영업이 거의 마비된 채로 1년 남짓 버티다가 결국 부도가 났다. 1984년이었다.

나중 얘기지만, 이 세금 건은 수년간의 길고 긴 행정소송 끝에 대법원에서 승소 판결을 받았고, 나는 국세체납자의 오명을 벗었다.

그러나 회사는 이미 망해 버린 뒤였다.

그 당시 나는 왜 내가 이런 고난을 당해야 하는지 알 수 없었다.

'그렇게 열심히 일했는데 이 지경이 되다니.'

회의와 좌절감이 몰려왔다. 그토록 열심히 공을 들여 모시던 하늘과 땅, 일월성신, 미륵불 등, 민속 신들도 무력한 허상으로 느껴졌다.

아이러니한 일이지만, 이 사건을 통해서 반평생 이어졌던 민속 종교와의 인연이 끊어지게 되었고, 하나님께 나아갈 수 있는 길이 열렸다. 할렐루야!

나는 다시 학원에서 영어 강사를 시작했다.

몇 년 뒤 강남에 다시 학원을 세웠다. 나의 좌절을 안타까워하던 많은 사람이 앞다투어 도와줬다. 역경을 통해 더욱 강해진 정철 교수법으로 학원이 번창했다. 어린이 영어 프로그램도 만들어서 원하는 학원마다 나누어 주다 보니, 전국에 300개 이상의 프랜차이즈 학원이 생겨났다.

29

진정한 평화가 넘치기 시작했다

1992년에 중학교 1년, 3년 두 아들을 영국으로 유학 보냈다.

떠나는 아들들에게 두 가지를 당부했다.

첫째, 서양 색시는 데려오지 말 것

둘째, 서양 신을 믿지 말 것.

1997년 말, IMF가 시작되고 나라가 거의 망할 지경이 되었다. 환율이 엄청나게 올랐다. 그래서 영국에 유학 보냈던 두 아들이 군대 간다고 돌아왔다. 그중 큰아들인 학영이는 영국에서 교회에 다니기 시작해서 하나님께 깊이 빠진 상태였다.

그런데 이 멀쩡한 큰아들이 이상하게도 신체검사에 계속 불합격하여 재검사를 받았다. 나중에 생각해 보니 이 또한 하나님이 하신 일이었다.

군입대를 기다리는 1년 반 동안 매일 저녁 식사 후에, 큰아들은 나를 상대로 종교 토론을 벌였다. 학영이는 '왜 예수를 믿어야 하는

가'에 대해 역설하였고, 나는 '다 쓸데없는 것'이라는 반론을 논리 정연하게 펼쳤다.

예를 들어서 학영이가 "아담과 하와가 선악과를 따 먹음으로써 죄인이 되었고, 에덴동산에서 쫓겨나고, 영생을 누리지 못하게 되었다"라고 하면 나는 "하나님도 째째하시지, 아니 그까짓 과일 몇 개 따 먹었다고 뭘 그렇게 큰 벌을 내리시냐.

나 같으면 통 크게 두어 박스 따 주면서 '이제 다시는 그러지 말아라' 하고 부드럽게 야단치고 끝내겠다. 그리고 또, 선악과라는 게 그렇게 나쁜 것이라면, 아예 처음부터 만들지를 말던가, 아니면 눈에 띄게 하지를 말든가, 너무 짓궂은 게 아니냐?" 하고 반박했다.

그러면 또 학영이는 "몇 개를 먹었느냐가 중요한 게 아니고 하나님의 말씀을 듣지 않고 사탄의 유혹에 끌려갔다는 것이 문제입니다"라고 하는 식이었다.

그러기를 근 1년, 1998년 가을쯤 되었을 때, 나의 반론이 점점 후퇴하여 "그러면 하나님이 계시다는 것은 믿기로 하고, 이제부터 책(성경)을 읽어 보기로 한다. 그런데 교회에 나갈 것까지는 없고, 혼자 착하고 진실하게 살면 된다"고 했다.

그러자 학영이는 "핸드폰이 제아무리 성능이 좋아도 기지국이 없으면 통화가 안 되는 것처럼, 아빠가 아무리 혼자 도를 닦아도 기지국에 안 나가면 하나님과 통화가 안 됩니다"로 결정타를 먹였다.

이에 충격을 받아 "그래, 그 말도 맞다. 그러면 이번 주일부터 기지국에 나간다!" 선언하고, 교회를 다니기 시작했다.

일단 교회를 다니기 시작했으니, 열심히 교과서(성경)를 읽기 시작했다. 몇 번을 읽었다. 우리말로도 읽고 영어로도 읽었다. 또 참고서도 많이 읽었다.

그러는 가운데 나는 하나하나 깨닫기 시작했다. '내가 그토록 애쓰며, 수련과 명상을 통해 내 힘으로 도통해서 세상의 이치를 깨닫고자 하던 것이 얼마나 어리석었던가'를 깨달았다.

내가 하나님을 외면하고 미륵불, 일월성신 등을 좇아다니던 것들이 다 커다란 죄였음을 깨달았다. 나는 예수님이 십자가에 못 박히심으로써 내가 죄 용서를 받았고, 새 생명을 얻게 되었음을 깨닫고, 내 모든 죄를 회개하고, 예수님을 나의 주인으로 영접했다.

그때부터 나는 내가 내 인생의 주인이 아니라 예수님이 나의 주인이며, 나는 하나님의 자녀이고, 하나님이 나를 엄청 사랑하신다는 것을 확신하게 되었다.

"내가 그리스도와 함께 십자가에 못 박혔나니 그런즉 이제는 내가 사는 것이 아니요 오직 내 안에 그리스도께서 사시는 것이라 이제 내가 육체 가운데 사는 것은 나를 사랑하사 나를 위하여 자기 자신을 버리신 하나님의 아들을 믿는 믿음 안에서 사는 것이라"

갈라디아서 2장 20절에 있는, 사도 바울의 이 고백이 나의 고백이 되었다.

그러면서 내 마음속에는 진정한 평화가 오기 시작했다. 그동안 무슨 일을 해도 마음 한쪽 구석에는 뭔지 모를 불안감이 차 있었는데, 그런 것들이 서서히 없어졌다. 항상 마음속에는 기쁨과 확신이 차고, 무슨 일이 생기든지 하나님께 말씀드리면 지혜를 주시고 해결해 주셨다.

영어학습법도 성령님이 주시는 지혜로 엄청나게 달라졌다.

그래서 나는 영어학습법을

B.C. 학습법(Before Christ)과

A.D. 학습법(Anno Domini, in the year of Christ)으로 나눈다.

'B.C. 학습법'은 일제강점기부터 영어 선생들이 자기들 마음대로 만든 것이지만,

'A.D. 학습법'은 성령님이 직접 가르쳐 주신 것이다.

A.D. 학습법을 터득하고 나서, 나는 마치 거대한 사기극에서 깨어난 듯한 느낌을 받았다.

"아니, 이렇게 쉽게 되는 영어를 그렇게 어렵게 가르쳤단 말이야?"

주님이 가르쳐 주신 이 새로운 방법으로 가르치자, 아이들도, 학생들도, 어른들도 영어가 빵빵 터졌다.

30

내 인생의 소명을 발견했다

하나님은 방송을 통해 영어로 복음을 전하는 문도 열어 주셨다.

2005년, 우연히 방송 의뢰를 받았다. CTS의 "명사 초청 특강"이었다. 일반 방송에서는 종교적인 내용을 말하면 모두 편집됐었는데, CTS에서는 마음 놓고 말할 수 있어서 좋았다. 반응도 좋았다. 방송사는 내 특강을 아예 정규 강좌로 편성했다. "대한민국 죽은 영어 살리기"라는 제목으로, 1회 40분짜리 강의를 3년간 215회를 방송했다. 그때 주교재는 다른 책이 아니라 영어 성경이었다.

말씀을 가지고 영어를 가르치는, 그 강의를 하면서 내가 놀란 것은 사람들의 반응이었다. 보통 때는 성경 내용을 말하면 들은 체도 하지 않던 사람들이 영어 성경을 강의하니까 귀를 기울였다. 처음엔 답답하던 문장이 시원하게 뚫리는 것을 보면서 사람들은 말씀을 가까이하기 시작했다.

놀랍게도 그 말씀을 듣고 예수를 믿게 되었다는 얘기들이 들려왔다. 방송이 나간 후 미국과 남미에서도 내 방송을 봤다며 반응이 왔다. 어떤 부인은 이메일을 보냈다. "지난 15년간 남편에게 예수 믿으라고 했는데 꿈쩍도 안 하다가 한동안 내 방송을 보더니 어느 날 영접 기도를 하더라"면서 놀랍고 감사하다는 편지였다.

사실 놀란 것은 나였다. 이런 반응은 전혀 예상하지 못했다. 그렇게 생각하다가 갑자기 무릎을 탁 쳤다.

'하나님께 받은 일이 바로 이거구나' 하는 생각이 들었다.

성경을 묵상하면서 내가 살아온 날을 생각하니 갑자기 한 줄로 연결되면서 맞춰졌다. 이 모든 과정이 하나님의 섭리와 계획이라는 생각이 들었다.

돌아보니 19살 때 느닷없이 영어에 미치고, 갑자기 땜빵 강사로 영어 선생을 시작하고, 영어 교수법을 개발하고, 그러면서 이상한 잡신들을 섬기다 한 방 맞아 제 정신을 찾게 되었다.

만약 '정철 카세트'가 부도가 나지 않고 승승장구했더라면 아무도 말리지 못하는 마귀 덩어리가 됐을 것이다. 가만히 따져 보니 지난 40년이 하나님이 나를 인도하시고 훈련시키신 세월이었다. 혹독한 광야 훈련을 거쳐서, 드디어 영어로 복음을 전하는 일을 시키시는 것이다. 나는 내 인생의 소명을 발견했다.

하나님의 은혜는 꼭 필요한 것이, 필요한 때에 베풀어진다.

하루는 고린도후서 5장 17절 말씀을 읽으며 강의를 준비하는데, "If anyone is in Christ, he is a new creation(누구든지 그리스도 안에 있으면 그는 새로운 피조물이라)"라는 구절을 보면서 'in Christ(그리스도 안에)'가 무슨 뜻일까 하고 자료들을 뒤지기 시작했다. 여러 버전의 영어 성경과 주석 책들을 펴 놓고 'In Christ'의 의미를 묵상하는데, 갑자기 영어 성경의 활자들이 마구 움직이기 시작했다. 그러더니 그 글자들이 와르르 내 안으로 쏟아져 들어왔다. 그러고는 '주님 안에' 있다는 말의 의미가 영적으로 확실히 느껴졌다. 신비한 경험이었다.

그런 신비를 그 후에도 여러 번 더 경험했다. 그다음부터는 말씀을 보면 이해가 빨랐고 관련 성구도 금방 생각났다. 어떤 목사님에게 여쭤 보니 성령의 은혜를 받은 거라고 했다. 부족한 실력으로 성경을 강의하려 하니, 하나님이 필요한 능력을 주시는 것이라고 믿는다.

그 뒤로도 방송 강좌는 계속 이어졌다.

방송 강좌는 그 외에도, 2010년부터 극동방송을 통해서 매일 아침 8시부터 라디오 방송으로 영어 복음을 전하는 강의를 8년간 했다. 또, 2018년부터 지금 현재까지 유튜브를 통해서 매일같이 "정철의 영어성경 통독 낭송"을 방송하고 있다.

영어를 가르쳐 주면서 동시에 복음 전파를 하자는 목적인데, 얼마나 효과적인지 모른다. 매주 많은 사람이 예수를 믿고 구원을 받았다고 인터넷 수강평을 달아 주고, 이메일로 연락을 준다.

나는 내 영어가 하나님 나라를 위해 이렇게 쓰일 줄을 상상도 못했다. 내가 지금까지 살아온 인생이 하나님의 놀라운 계획 속에 있었다는 것을 느낀다.

나는 사실 지금까지 평생토록 영어 선생을 해 오면서도, 내 직업에 대해 적지 않은 불만이 있었다.

'내가 의사를 해도 잘했을 것 같고, 과학자를 해도 잘했을 것 같은데, 하필이면 남의 나라 말을 가르치는 선생님이 될 게 뭐냐?'

그러다가 주님을 만나고 나서야 내가 왜 영어 선생이 되었는지 알게 되었다. 50여 년 전 어느 날 난데없이 나를 영어에 미치게 하시고, 영어 터지는 방법을 찾아내라고 밤낮으로 공부시키시며, 각종 고난으로 광야에서 나를 단련시키신 하나님의 뜻을 이제 알게 되었다. 영어를 통해서 전 세계에 복음을 전하라는 뜻이다.

사도행전의 성령 강림 사건도 마찬가지다.

120명의 성도가 기도하다가 성령이 불의 혀처럼 각 사람에게 내려앉자, 성도들 전원이 그때까지 한 번도 해 본 적이 없는 각각 다른 외국어로 외치기 시작했다. 그러자 각각 다른 지방에서 온 사람들이 놀라서 말했다.

… We hear them declaring the wonders of God in our own tongues! (NIV)

… 우리가 다 우리의 각 언어로 하나님의 큰일을 말함을 듣는도다 (행 2:11)

그들이 각각 새로 받은 다른 언어로 하나님의 큰일을 말하고 있었다는 얘기다.

그들에게 난데없이 외국어로 말하는 능력과 강력한 은사를 주신 이유는 바로 '이 언어를 말하는 곳에 가서 복음을 전하라'는 뜻이었다.

이것을 묵상하다가 '그렇다면, 영어로 복음을 외치면 영어를 열어 주시겠다!'는 생각이 떠올랐다. 지나고 보니, 그 생각이 맞았다.

그동안 영어로 성경을 가르치면서 느낀 것인데, 우리말로 읽을 때는 시큰둥하던 사람들도 'A.D. 학습법'으로 영어 성경을 재미있게 듣고 말하다 보면 어느새 복음에 깊이 빠져들고, 진정으로 회개하고, 예수님을 자신의 주인으로 맞아들인다.

게다가 보너스로 영어도 열린다. 참으로 놀라운 일이다.

어른들뿐만이 아니다. 2009년부터 '어린이 영어 성경학교'를 만들어서 교회에서 유치부, 초등부 아이들을 가르치기 시작했는데, 얼마나 재미있고 보람 있는지 모른다.

"Who made the world?"라는 제목으로 하나님이 세상을 만드신 때부터 시작해서, 인류가 어떻게 타락했는지, 예수님이 우리의 죄를 대신하여 어떻게 돌아가시고 어떻게 부활하셨는지, 우리가 왜 예수님을 주님으로 영접해야 하는지, 하나님의 자녀가 된 우리는 어떻게 살아야 하는지 등 복음의 핵심을 영어로 공부시켰다. 아이들이 복음을 신나게 영어로 외치다 보면, 하나님을 인격적으로 만나고, 예수님을 주인으로 영접하고, 생활 태도와 인생의 목표까지 변하는 놀라운 일을 목격했다.

나의 사역 목표는 전 세계의 어린이들에게 영어로 복음을 전하는 것이다. 지금부터 전 세계 어린이들이 복음을 듣고 변하기 시작하면, 이 아이들이 세상의 주역이 되는 30년쯤 뒤에는 세상이 변하리라고 믿는다.

지금 동남아 각국에서는 벌써 이 운동이 결실을 맺고 있다.

코로나 팬데믹으로 잠시 주춤했었지만, 각국에서 활동하고 있는 선교사들을 통해서 젭스영어성경홈스쿨 프로그램이 급속도로 확산되고 있다.

나는 지금 하나님이 주신 A.D. 영어학습법으로 온 세상에 복음이 전파되는 소망에 살고 있다. 전 세계 모든 사람이 복음을 듣고 구원받는 그날까지, 나는 영어로 복음 전하는 일을 멈추지 않을 것이다.

We hear them declaring the wonders of God
in our own tongues! (Acts 2:11, NIV)